つくる人がいきる

スキル
マネジメント

現場と経営をつなぎ、製造業の未来をひらくアプローチ

株式会社 Skillnote
山川隆史

東洋経済新報社

はじめに

スキルマネジメントの実践方法を広めて製造業の変革を後押ししたい

私が製造業に携わってからまもなく30年になる。そのうち20年近くにわたって、製造業の人材育成や本書で提唱する「スキルマネジメント」の課題に取り組んできた。第2章で詳述するが、スキルマネジメントとは、従業員のスキルデータを精緻に蓄積・活用していく取り組みである。２００６年に製造業の人材育成を支援する会社を創業し、その後、新たに株式会社Skillnoteを設立したのは２０１６年。現在は事業や現場のスキルマネジメントを支援するクラウドサービスやコンサルティングサービスを提供している。製造業とともに歩み続けてきた半生といっても過言ではない。

私たちのビジョンは「つくる人が、いきる世界へ」だ。「つくる人」とは「ものづくりに携わる人」、「いきる世界」とは、「製造業で成長実感を持ってイキイキと働き、活躍できる社会」を指す。製造業で働き、ものづくりに従事している人が「製造業で働けてよかった」「ここでは自分が成長できる」「活躍の場が用意されている」と心から実感する組織をつくる――。このビジョンを実現するために、人も組織もともに成長を続けられるスキルマネジメントの仕組みを創り出し、製造業の変革を後押ししている。

変革を推進するにはどのような考えが必要なのか、どこから手をつけ、何をどのように形にしていけばいいのか。本書は、スキルマネジメントの本質や具体的な実践方法を伝えることを目的としている。

製造業の競争力の源泉は「人」

私は大学の理工学部を卒業後に信越化学工業株式会社に入社した。群馬県にある工場に2年ほど勤務した後に本社に異動し、主に電子材料事業本部で新規技術のビジネス開発や開発品の市場開拓などに従事。10年間にわたって半導体材料の次世代技術開発などアジアや欧米のグローバル企業とのプロジェクトに多数参画してきた。ものづくりのど真ん中で、ものづくりの醍醐味を経験できた貴重な時間だった。

しかし、その10年間は世界における日本の製造業のプレゼンスが大幅に落ちた時期でもある。自分が関わっていた半導体業界では、日本の市場シェアが年々減少していく状況を目の当たりにした。１９９０年の半導体製造トップ10企業は、首位のＮＥＣをはじめ6社を日本企業が占め、日本のシェアは約50％にも及んでいた。しかしその後、日本のシェアは徐々に低下し、直近の２０２３年ではトップ10に日本企業の姿はない。

半導体の市場規模は１９９０年から10倍以上に拡大しているにもかかわらず、日本の製造業の競争力は落ち、かつての輝きや存在感が失われている。依然として半導体製造装置や電子材料では強みを持つものの、半導体そのものでは主導権を失ってしまった。それはなぜなのか。どうしてこのような事態に陥ってしまったのか。厳然たる事実を前に悩み思考し、考えた末にたどりついたのが「人」の問題だ。

企業の競争力を突き詰めていくと「人」に帰着する。「人」が競争力の源泉なのだから、「人」が成長できる環境を整備しなければならない。製造業で「人」が高いモチベーションで仕事をできる仕組みを創ろう。この想いが私の起業の原点だ。

「スキル」を軸として自らが「日本発・世界一のソフトウェアサービスをつくる」

インテルから受けた影響も大きい。信越化学工業時代に、インテルが全世界共通で実施しているシステマチックな教育制度「Intel University」に出会った。インテルのエンジニアは、「Intel University」が提供する全社共通の手法や技術を学んで共通スキルを身につけ、プロジェクト経験を積みながら成長している。その姿はとても新鮮に映った。世界で戦うには、現場でのOJT中心の教育だけではなく、システマチックに人を育成する取り組みも必要だ。

このままでは日本の製造業は世界で戦えなくなるのではないか。痛烈な危機感から私は起業を決意し、まずは製造業向けに教育研修を提供する会社を立ち上げた。製造業の現場にしっくりとなじみ、現場で働く人に受け入れられ、モチベーションを高められる教育研修に力を注いだ。そんな中で、ある電機メーカーの技術幹部の方からかけられたのが次のような言葉だ。

「単発の研修をやるよりも、より上流のスキルを取り扱ってはどうか」

この言葉は私にとっては天啓だった。かねてから持っていた問題意識にストレートに響いたのかもしれない。こうして私は事業を研修からスキルデータを扱うソフトウェアへとピボットし、改めて製造業のスキルマネジメントに特化した会社としてSkillnoteを設立した。Skillnoteの目指すところは「つくる人が、いきる世界へ」を実現すること、そしてその結果として、日本の製造業が競争力を維持できるように製造業の復権を後押しすることだ。ビジョンの「つくる人が、いきる世界へ」の実現に向けては、自らが「日本発・世界一のソフトウェアサービスをつくる」ことにより、製造立国である日本のプレゼンスを世界に示していきたいと考え、日々製造業の方々と接し、行動している。

スキルマネジメント導入の手引書に、そして変革へと踏み出す契機に

本書は、製造業において、製造・生産技術・設計・研究開発などの部署のリーダー層や、人材開発・人材マネジメントに責任を持つ方を主な読者として想定している。しかし、本書で私が展開している「スキルマネジメント」に関する議論は、もっと裾野広く、さまざまな領域の方々に共感していただけるものだと自負している。事業目標の達成に向けて人材面の課題を感じておられる経営層の方、従業員の人材育成やキャリア開発に悩みをお持ちの方。業種業界を問わず、さまざまな領域で切実に課題に向き合っている方々にこそ、ぜひ読んでいただきたい

と考えている。

例えばあなたが、産業機器メーカーに技術職として入社し、さまざまな機種や生産ラインの立ち上げに関わりながら、キャリアを重ねてきた方だとしよう。製造部や企画部でのジョブローテーションも経験し、スキルや人脈を広げてきて、現在は生産企画部の部長として数十人の部下を抱えているかもしれない。人員が不足する状況下だが、今後数年間で立ち上がる新機種や受注に対応するためのリソースを確保していかなければならない。会社や仕事には誇りを持っているが、以前にも増して短期的な業績も求められている。だとしたら、若手の離職も出ている中、生産計画の立案や設備・人材の確保に対してはたして現在のままのやり方でいいのかと、不安や将来に対する危機感を覚えていることだろう。

上司の生産本部長から、生産性の向上や人材育成の促進につながる抜本的な施策を求められ、頭を悩ませているかもしれない。新しい施策を打とうとしても、生産現場の協力が得られず説得に苦労した経験もある。事業や現場に幅広い影響を及ぼせる立場にいながら、現状を変えたくてもなかなか変えられない。変革を進めようとしても進めづらいことに焦燥感が募っている。

そんなあなたにこそ、本書からメッセージを送りたい。あなたがやりたいことは実現できる。それにはスキルマネジメントの方法論を通じて、従業員のスキルデータを体系化・一元化・可視化すること。そして、そのスキルデータを人材マネジメントや現場業務に活用していくことだ。そうすればスキルデータという根拠に基づいて、高度な専門性を持つ人材の育成や、多様な組織・プロジェクトに対する最適な人材配置ができる。ひいては事業運営に必要な人材を充足させ、事業目標も達成できる。

本書をそのための手引書にしてほしい。第1章では製造業の現状や課題などを、第2章ではスキルデータの重要性や役割、スキルマネジメントの概略をまとめている。第3章から第5章では、現場でのスキルマネジメント導入や運用のポイントを実践的に解説している。第3章は人材マネジメントにおける実践場面を、第4章は現場業務への適用場面を紹介。第5章では推進していくうえでの難所やその乗り越え方など実践アプローチを取り上げている。エピローグでは、改めてスキルマネジメントが実現する製造業の未来について記した。

スキルマネジメントを導入したからといってすぐに目に見える効果が出るわけではない。どの現場も多くの問題に突き当たりつつ、解消を図りながら一歩一歩前へ進んでいる。スキルマネジメントを実践する際の指針やヒントとして参考にしていただけるように、本書には具体的な事例をできるだけ多く盛り込んだ。製造しているものは違っていても、あなたの職場にも共通する問題は多いはずだ。ぜひ本書を通してスキルマネジメントの可能性に着目し、変革へと踏み出す契機としていただきたい。スキルマネジメントを活用したその先には豊穣な未来が待っている。

COLUMN

第3章 人材マネジメントにおけるスキルデータの活用方法

第4章

現場業務におけるスキルデータの応用方法

COLUMN

第5章 スキルマネジメントの実践アプローチ

エピローグ

そして、つくる人が、いきる世界へ

第1章

製造業の現在とスキルマネジメントへの要請

製造業を取り巻く環境

社会課題を背景にＱＣＤＳが成立しなくなっている

製造業はＧＤＰの約２割を占める日本の基幹産業だ。現場での精緻なオペレーション、高度で複雑なものづくりを可能にする技術や熟練技能者の存在、マイクロ秒単位での生産性向上策などがＱＣＤＳ（Ｑ：品質、Ｃ：コスト、Ｄ：納期、Ｓ：安全性）を最適化し、競争力のある製品を生み出してきた。経済産業省がまとめた「２０２３年版ものづくり白書」によれば、世界シェア60％以上を占める日本製品の品目数は２２０個に及び、米国やヨーロッパ、中国と比較しても圧倒的に多い。売上高１兆円以上の製品も、自動車、医療用医薬品、家庭用エアコン、ハイブリッド車、ＨＥＶ／ＥＶ駆動システム、タイヤ、ワイヤーハーネスなど18個に達する。

だが、日本の産業の根幹をなし、世界市場で高いプレゼンスを発揮してきた製造業はいま厳しい状況に直面している。目まぐるしく変わる国際情勢に加えて日本社会が内包する社会課題が表面化し、従来のようなＱＣＤＳの成立が難しくなってきたからだ。

外的要素としては、新型コロナウイルス感染症の拡大、ロシアによるウクライナ侵攻などによる原材料価格やエネルギー価格の高騰が挙げられよう。国際情勢の劇的な変化は材料や素材の不足、物流の混乱を招き、結果としてグローバルサプライチェーンが寸断される危機を引き起こした。

国内の課題も製造業に深い影を落としている。その最たる課題といえるのが人口減少と高齢化の進行だ。内閣府の「令和5年版高齢社会白書」を見ると日本が向かっていく未来が明らかになる。日本の総人口は、２０１０年をピークに減少傾向をたどり、２０２２年には約1億２５００万人に減少した（10月1日時点）。２０７０年には９０００万人割れが確実視されている。

減少を続ける人口の中で存在感を増しているのが65歳以上の高齢者人口だ。高齢化率は29・0％に達し、世界で最も高いレベルにある。団塊の世代がすべて75歳となる２０２５年には、75歳以上の人口が全人口に占める割合は約18％に、２０４０年の65歳以上の人口比は約35％に達すると見込まれている。私たちは3人に1人以上が65歳以上で構成される超高齢社会に着実に向かいつつある。

１９９５年をピークに減少を続けている生産年齢人口（15歳～64歳）はどうか。今後も回復する見込みは薄く、2040年すぎには6000万人を割る数字にまで減ると予想されている。2021年と比較すると3割近い減少幅だ。産業の担い手である生産人口がこれだけ減少すれば、国内需要の縮小は避けられない。労働力が不足し、従業員の平均年齢をじわじわと押し上げていく。

日本が抱える課題としては労働生産性の低さも挙げられる。日本生産性本部の「労働生産性の国際比較2023」によれば、2021年の日本の製造業の労働生産性はOECDに加盟する主要34カ国中18位。米国の6割弱にすぎず、フランスとほぼ同水準だった。2000年にはOECD諸国でもトップクラスの水準にあったが、2000年代に入ってからは低落傾向に陥り、以後は16位〜19位あたりをうろうろとしている。

QCDSの低下については、とくにQについて「品質を維持するのが難しくなっている」「品質に関する力が落ちている」といった気になる声も頻繁に聞いている。かつては世界に誇った日本の品質であるが、人手不足や価格競争の激化といった要因に加え、従業員教育の不足、技術・技能伝承の断絶、スキルレベルの低下、技術ノウハウの喪失といった企業内部に潜む要因からも、品質の低下やトラブルのリスクが高まっている。

また製造業の基盤である技術についても、技術力の低下を心配する声が挙がる。技術者のスキルの問題として「原理原則の理解が足りない」「多面的な視点がなくなってきている」「設計図面の質が低下している」など、いずれも放置できないコメントばかりである。

労働市場が流動化し人材の育成・確保が困難に

ここで製造業の就業者動向に着目したい。

「2023年版ものづくり白書」によると、2002年から2022年までの20年間で日本国内の就業者総数は6330万人から6723万人へと393万人増加している。しかし、製造業における就業者数は1202万人から1044万人と158万人も減少。また、全産業に占める製造業の就業者数の割合は19・0%から15・5%と減少しており、製造業から非製造業への人材の流出が読み取れる（図表1－1）。

また、製造業就業者の年齢層に注目すると、同じ2002年から2022年までの20年間で、34歳以下の若年就業者数は384万人から255万人へと129万人も減少した。製造業の全就業者に占める若年就業者の割合も31・4%から24・4%へと後退している。製造業では、若年就業者数の減少が顕著であるといえる（図表1－2）。

一方、65歳以上の高齢就業者数は58万人から90万人へと32万人増加。製造業の全就業者に占める高齢就業者の割合も、4・7%から8・6%に増加している（図表1－3）。

弊社がやり取りをしている産業機器メーカーのある技術部の管理者からは、このような声を

図表 1-1　就業者数の推移

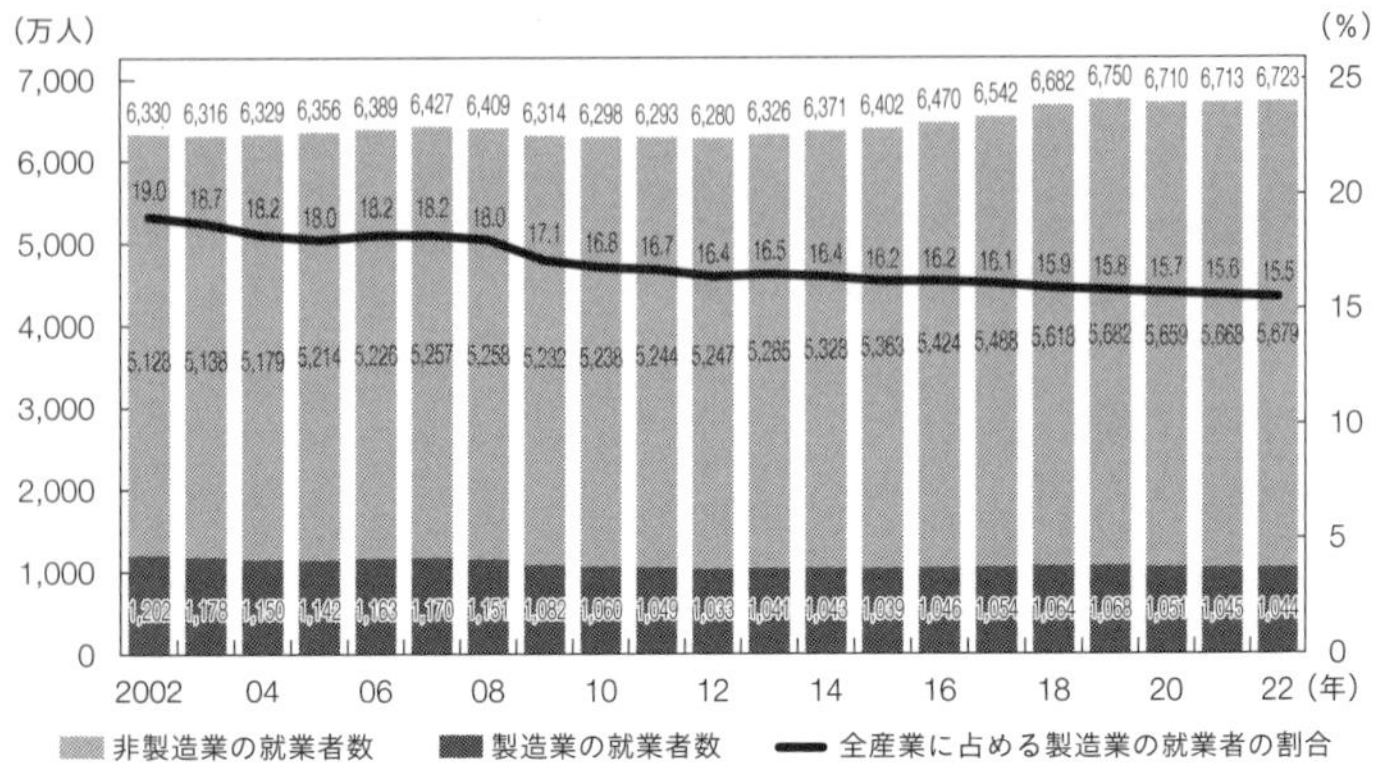

備考：2011 年は、東日本大震災の影響により、補完推計値を用いた。分類不能の産業は非製造業に含む。
資料：総務省「労働力調査」（2023 年 3 月）
出所：経済産業省「2023 年版ものづくり白書」

もらっている。

「以前なら、新卒入社から10年間でいろいろなことを学び、一人前の技術者が育っていた。ただ最近は、これといった前触れもなく3年くらいで離職してしまう若者が増えている。たいへん残念だが、何とかしなければならない」

とても悲痛なコメントであるが、実はこちらの会社に限ったことではなく、かなり多くの企業から現場の感覚として同様の話を聞いている。製造業全体で若手就業者数が減少するのと並行するように、製造業内における若手人材の流動化も明らかに進んでいるのだ。もちろんこれは一概に否定するような性質のものではないが、せっかく採用した優秀な人材を、育成を始めてからたった2～3年という短期間で失ってしまうのは、企業にとって

図表1-2 若年就業者（34歳以下）数の推移（製造業）

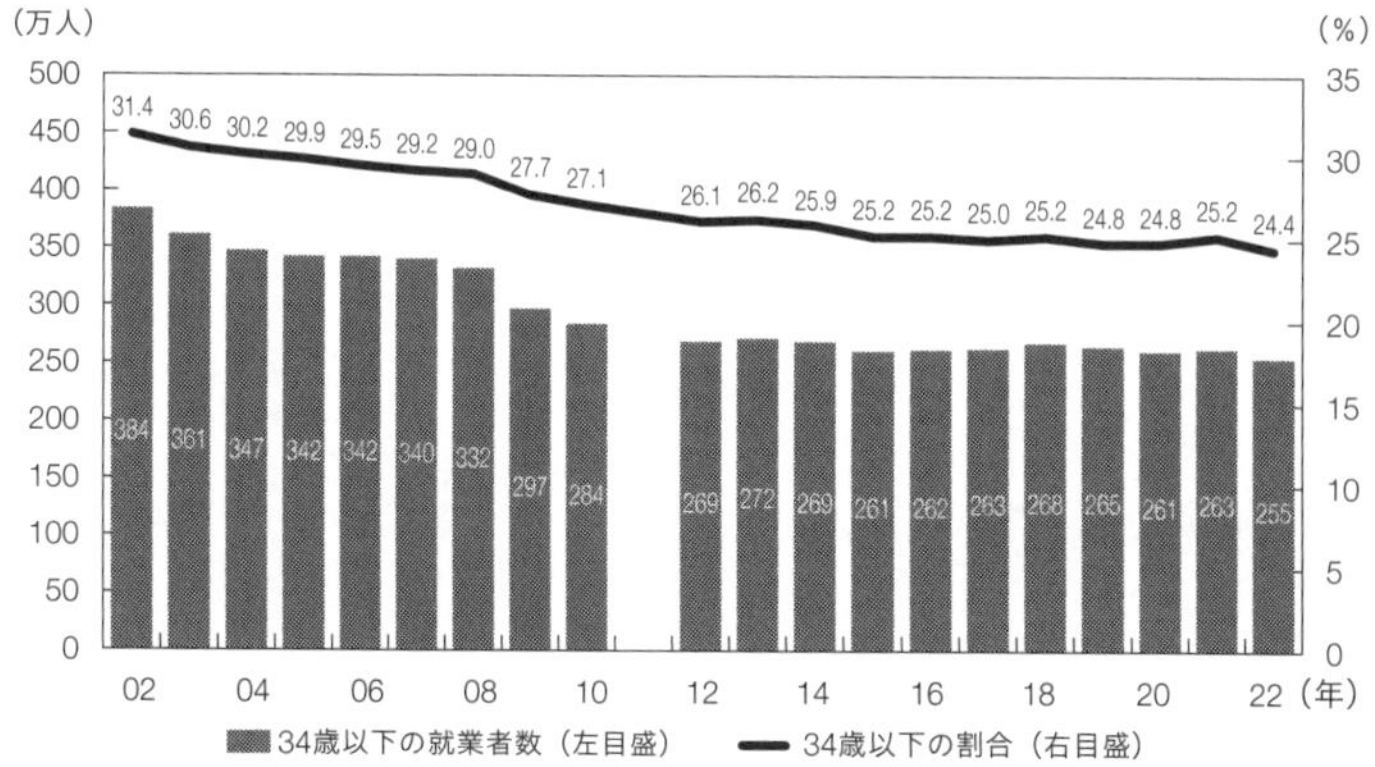

備考：2011年は、東日本大震災の影響により、全国集計結果が存在しない。分類不能の産業は非製造業に含む。
資料：総務省「労働力調査」（2023年3月）
出所：経済産業省「2023年版ものづくり白書」

図表1-3 高齢就業者（65歳以上）数の推移（製造業）

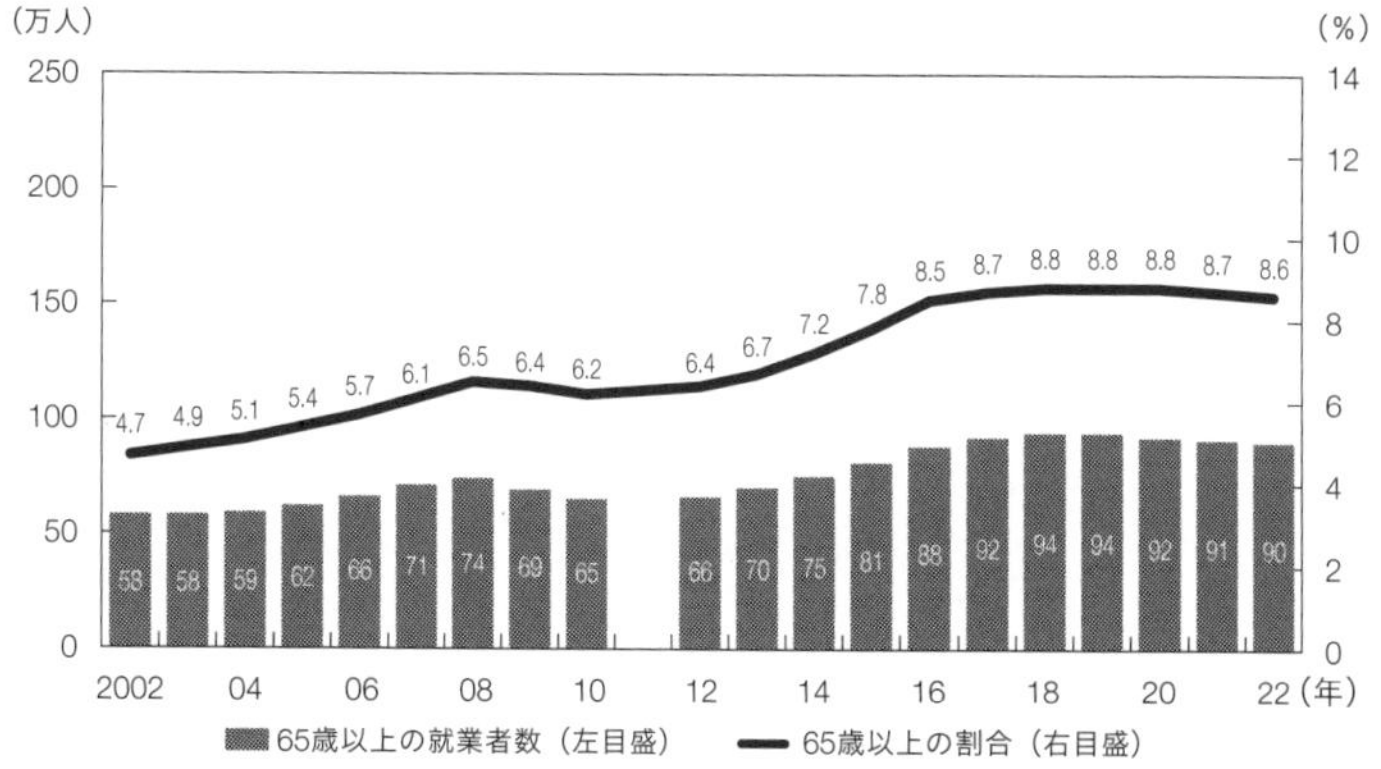

備考：2011年は、東日本大震災の影響により、全国集計結果が存在しない。分類不能の産業は非製造業に含む。
資料：総務省「労働力調査」（2023年3月）
出所：経済産業省「2023年版ものづくり白書」

は大きな痛手だ。製造業全体で人手不足が進んでいる昨今の状況では、輪をかけて深刻な課題である。

加えて、日本の雇用システムの特徴ともいえる終身雇用制度を見直す企業が増えている。労働市場は徐々に流動化しているが、現在の課題を置き去りにしたままで変化が加速すれば、若手を中心とする人材の育成や定着は難しくなるだろう。そうなれば企業の競争力を保つことはもとより、製品の安定供給の維持も容易ではなくなる。

強い現場を支えてきた技術・技能が伝承できない

日本のものづくりを下支えしてきた技術・技能の伝承も困難が予想される。製造業の基盤であり生命線と言われてきた「強い現場」は技術や技能が維持できていてこそ成立する。引き継ぐ人材がいなくなれば、技術・技能は失われ、製品やＱＣＤＳ全般で競争力を失うリスクが膨らむ。

技術・技能伝承に関しては多くの製造業が危機感を抱いている。少し古いが、労働政策研究・研修機構が実施した「ものづくり産業における技能継承の現状と課題に関する調査結果」（２０２０年）の数字に着目してみる。「技能継承は重要」と回答した企業は66％、「やや重要」

図表1-4　将来の技能継承について、どのように考えているか

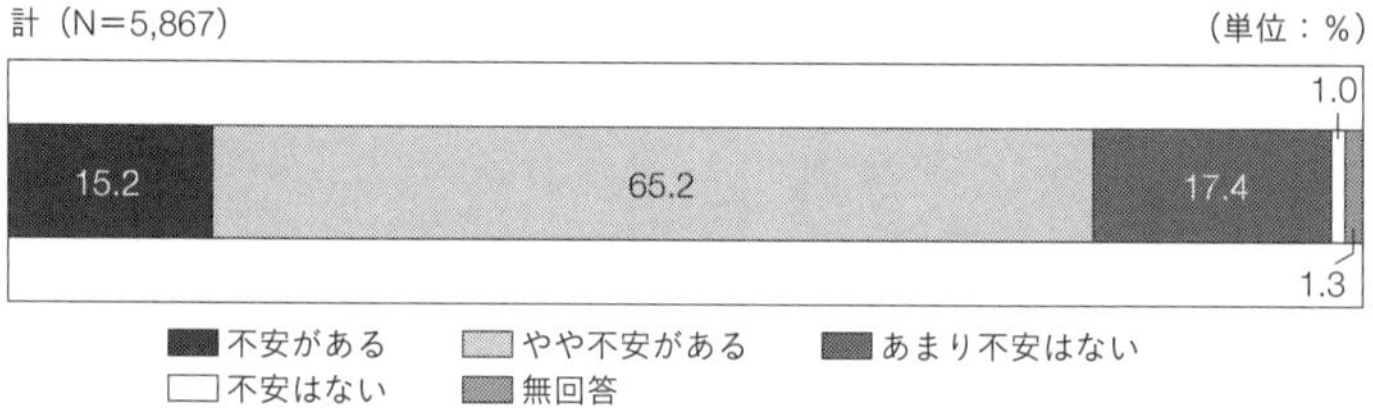

出所：労働政策研究・研修機構「ものづくり産業における技能継承の現状と課題に関する調査結果」

が28%。9割以上の企業が技能継承を重要視していた。

しかし、技能継承ができているかといえば必ずしもそうではない。「うまくいっている」「ややうまくいっている」の回答を合わせると45%。一方、「あまりうまくいっていない」と「うまくいっていない」の合計は約54%。技能継承を軌道に乗せている企業は半数を切る。

将来の技能継承について、約8割の企業が「不安がある」「やや不安がある」と回答している。「不安はない」と答えた企業は1%にすぎない（図表1－4）。

弊社がお話をさせてもらっている製造業の経営層や現場からも、技術・技能伝承は経営的な課題、リアルな悩みとして挙げられることが多い。

「従業員の年齢構成がいびつで、30代後半～40代の世代が圧倒的に少ない。採用を絞り、またコストダウンを目的として派遣社員や外注に頼ったために、その層がごっそり抜けてしまっている。20代の若手採用は増やしていて、50～60代はいるが中間層が抜けている。ベテラン層が抜けてしまう将来が不安だ」

といったコメントは、製造業の業種、企業規模の大小を問わず、製造業全般でよく耳にする声だ。

経営層からは技術・技能伝承は大きな課題という声は聞くが、現場では目の前の開発や製造での成果創出が求められる。技術・技能伝承や人材育成の優先度を上げ、具体的な行動に移すことが、これまでなかなかできていない。結果として、気がつけば「トラブル発生時に誰も課題解決ができない」という事態が発生してきている。今後ますますボディーブローのように効いてくるので、まだベテランが残っているうちに何としても手を打ちたいところだ。

デジタル技術の活用の遅れが懸念される

製造業のみならず、日本の企業全体が直面している問題を解決する効果的な手段として期待されているのがデジタル技術の活用だ。しかしながら、諸外国と比較すると日本は大きく後れを取っている。

スイスの国際経営開発研究所（ＩＭＤ）が毎年発表している「世界デジタル競争力ランキング」の２０２３年の結果では、韓国が6位、台湾が9位、中国が19位にランクされたのに対し、日本は前年よりもさらに順位を３つ落とし、過去最低の32位となった。

しかし、日本社会の人口減少や高齢化が避けられず、人材不足を早急に解消する手立てがない以上、労働生産性を改善するにはデジタル技術の活用が欠かせない。労働生産性が低いままでは、機械や原材料、設備投資の効率が落ち、より多くの労働時間が必要となり、最終的には製品コストを押し上げる。新製品や新技術、新規事業など新しい試みへの資源の再配分も制限され、イノベーションに投資する余裕もなくなるかもしれない。現状のままでは製品の品質管理に影響が及び、安定供給に支障が出る事態も想定される。

出遅れてはいるものの、日本の製造業もデジタル技術の活用を進めている。労働政策研究・研修機構の「ものづくり産業のデジタル技術活用と人材確保・育成に関する調査結果」では、生産工程・活動において1つでもデジタル技術を活用している製造業の割合は約7割に達していた。この比率は企業規模に比例して高くなり、「300人以上」の企業では実に8割以上がデジタル技術を用いている。デジタル活用の狙いは「生産性の向上」を筆頭に、「開発・製造等のリードタイムの削減」「作業負担の軽減や作業効率の改善」「在庫管理の効率化」「高品質のものの製造」「製造経費の削減」と続く。

IPA（情報処理推進機構）の「DX白書2023」でも、日本でDXに取り組んでいる企業の割合は2021年度の約56％から2022年度には約70％へと大きく伸びた。だが、この調査で注目すべきは全社戦略に基づき組織的にDXに取り組んでいる割合が米国では約70％を占めているのに対して、日本は約54％と低いことだ。「2023年版ものづくり白書」でも、社内の部門や事業所をまたぐデータの管理利活用状況については、大企業、中小企業ともに3割強が「必要性を理解しつつも実施できていない」と回答している。

弊社の顧客企業からは、国境をまたいだデータ管理における問題点を聞いた。大手製造業のグローバル部門の担当者はこう話す。

「日本から海外に技術移管するプロジェクトを進めたいが、国をまたいだスキルデータの管理がエクセルでは困難だ。タイムリーなデータ共有や施策実行にも課題がある」

同じ会社でありながらスキルデータの共有が他部署とも工場とも、海外事業所ともうまく進んでいない。しかし逆にいえば、「全社的な取り組み」という点で日本企業には大いに伸びしろがあるともいえる。デジタル技術を一部組織や製造工程の活用にとどめるのか、戦略的に活用してデータ共有を図り労働生産性を上げてサプライチェーンを維持し競争力を高めていくのか。日本の製造業のこれからの判断と行動に期待したい。

専門人材・DX人材が足りない

米国のデロイトコンサルティングが2021年に発表した、米国の製造業の労働力に関するレポートによれば、製造業の事業者はミドルスキルジョブズ（中級レベルの職務）の不足に直面している。ここでいうミドルスキルジョブズとは、工作機械のオペレーターや溶接工、機械のメンテナンス技術者といった職種だ。

このレポートで例に挙げられている職種の技術はいずれも短期間で身につけることは難しい。その代表が金属を溶かして接合する溶接技術だ。人によって出来栄えがまったく異なり、高度なレベルが要求され、習得には数カ月から1年以上もの実践的な応用研修プログラムが必要だ。資格や認証を取得する必要があり、人手が足りなくなりそうだからといますぐに動いても、結果が出るのは数年先。早くからこの技術に向いた人材を見つけて確保し育成に当たるしかない。

また、同レポートによれば、DXが進展するにつれて増えていくスマートファクトリーで必要なスキルは、今日使用されているスキルとは異なる内容になる可能性が高いが、製造業の労働力はこれらのスキルをあまり持っていない。労働力のスキル構成を変更しないままでは、新たなスキルの需要も含めると、2020年〜2030年にかけて退職も踏まえた米国の求人需要のうち満たせるのは47%にすぎず、53%は未充足になると予測している。数にすると210万人もの人材不足だ。実にインパクトのある数字である。このままでは、生産性からイノベーション、競争力、さらにはGDPに至るまで、あらゆる面に影響を与えることは必至だろう。

これは対岸の火事ではない。日本でも、複雑で高度かつ習得に時間がかかるスキルの確保が問題視されている。とりわけデジタルスキルの人材確保は米国以上に深刻な問題だ。

経済産業省がＤＸ時代における人材像を定めた指針「デジタルスキル標準ｖｅｒ・１・１」では次のようにまとめている。

「多くの日本企業は、ＤＸの取組みにおくれをとっていると考えられる。その大きな要因のひとつとして、ＤＸの素養や専門性を持った人材が不足していることが挙げられる」

弊社にも顧客企業から、ＤＸ人材不足について切実な声が寄せられている。ＤＸを担う人材に対する危機感や渇望感は企業の規模や業種を問わない。

高まる人材マネジメントとスキルマネジメントの重要性

いまひとたび、競争力の源泉である「人」に注目する

ここまで述べてきたように製造業を取り巻く環境は決して芳しいとはいえず、一朝一夕には解決できない問題が山積している。人口減少や少子高齢化のような社会構造的な問題を企業単独で解決することは難しい。

しかし、なすすべがないわけではない。むしろ伸びしろは大いにある。現に、幅広い製造業企業と接点を持つ中で、厳しい外部環境の中でもQCDSを高い水準で維持し、デジタル領域を含めた人材育成の取り組みを計画的に進めている企業も見てきた。それらの企業との討議や観察を重ねた結果、製造業に必要なのはいまひとたび、「人」に注目することだと感じている。

人手不足に対応するためには、今いる限られた人材の力を最大限に活かす。少ない人数で多くのことに対応するために多能化を進めていく。そのうえで、会社全体で人材の最適配置を

行っていくことで、これまで以上の成果を出すことも可能なのではないか。

製造業の場合は、事業や製品ごとに縦割りで組織が構成されていることが多い。そのため、ある部署では人手が足りずに生産やプロジェクトが回らないという状況の中、別の部署に目を向けると比較的余裕があるケースもある。このような場合に、技術者や技能者の多能化が進んでいれば、社内で人の融通ができ、人手不足を解消できる。最近訪問した電子機器メーカーでは、急な増産や生産負荷の変動に対応するために、事務系スタッフも現場へ応援に行けるような体制を目指しているという話を聞いた。

また、若手が定着しないという課題への取り組みも進んでいる。実際に、2～3年で辞めてしまう若手人材の話を聞くと、必ずしも会社に大きな不満があるわけではないようだ。自分のキャリアを考えたときにこの会社で成長できるのだろうか、という漠然とした不安、そしてほかの会社ならもっと成長できるかもしれないという希望から退職しているというケースが多い。

このような課題に対応し、将来に期待できる優秀な若手を引き留めるために、従業員に対してキャリアの道筋や成長ステップ、より具体的には、うちの会社ではいつ頃どのようなスキルが習得できるのかといった展望や道筋をしっかりと明示する。そういった施策を取ることで、若手のモチベーションを高め、定着を図る事例も出てきている。

スピード感を増している技術や事業の変化への対応についてはどうか。やはりこの変化に対しても、3〜5年後を見据えた計画的な人材育成に真剣に取り組む企業が出てきている。これまでは真剣でなかったのか、と誤解を招く表現かもしれないが、そう表現したくなるくらい優先度を上げた人材育成の取り組みが増えている。

背景には待ったなしの危機感がある。自動車業界ではガソリン車から電動車への大変化が進行しつつある。エンジンに必要な機械系スキルからモーターに必要な電気・制御系スキルへのシフトを急がなければならない。需要の高いデジタルスキルについては、4年で3分の1が陳腐化してしまうと言われる。こうした変化に対応するために、多くの企業が計画的な人材育成に真っ向から取り組んでいる。

ここまで見てきたように、製造業では改めて「人」に焦点を当てることで、取り巻く環境や逆風を乗り越えようとしている。企業の競争力の源泉は人材だ。技術や技能を含め、「人」の持つ能力に焦点を合わせ、その可能性を企業が引き出し、さらに育てていく。この繰り返しにより、製造業が直面する課題が解決に近づいていく。

製造業のポテンシャルは高い。各企業がそれぞれに従業員が成長実感を持ちながら高いモチベーションで仕事ができる仕組みを築くことができれば、業界は再び活力を取り戻し、製造業全体が底上げされる。

人材マネジメントを重視する動きが加速

過去を振り返れば、製造業においてはＱＣＤＳを重視するあまりに、人材への投資がおろそかになり、人材を資源と見なす時代が存在した。だが、潮目は変わりつつある。最近では人材を投資対象として重視し、企業価値を向上させようという機運が高まっている。「投資」という言葉を使うとどことなく無味乾燥なイメージを与えるが、要は製造業を支える「人」に改めて注目し、「人」の持つ力を引き出そうということだ。人材マネジメントを重視する企業の動きは加速している。

動きを加速させているのが、２０１８年に国際標準化機構（ＩＳＯ）が発表した人的資本に関する情報開示のガイドラインＩＳＯ３０４１４だ。ここでいう「人的資本（Human Capital）」とは、人が持つ知識や能力、技術などを、金銭と同様に資本と見なす概念を指す。

ＩＳＯ３０４１４は、社内および外部のステークホルダーに対する人的資本に関する報告のための指針だ。その目的は労働力のサステナビリティ（持続可能性）をサポートし、組織に対する人的資本の貢献を考察し、透明性を高めることにある。人材マネジメントに対する社内での議論と社外への公開に用いるべき指標をガイドラインとして整理し、人材マネジメントの11

領域49項目にわたって、データを用いてレポーティングするための58のメトリック（測定基準）を示している。

このＩＳＯ３０４１４が発表された背景には企業の無形資産の大部分を占める人材データに対する開示要求の高まりが挙げられよう。米国の代表的な株価指数「Ｓ＆Ｐ５００®」の時価総額に占める無形資産の割合は１９７５年時点で17％だったが、２０２０年には90％に達している。財務諸表だけを見ていては投資家は企業の成長性を判断しづらいため、人材データの開示要求が強まった。その動きからＩＳＯ３０４１４の発表に至ったとされている。

米国では２０２０年からＳＥＣ（米証券取引委員会）がすべての上場企業に人的資本に関する情報開示を義務づけていたが、開示内容は各企業の自主性に任せていた。それが２０２１年には大きく前進し、上場企業に対する人的資本の情報開示は法律による義務となり、開示すべき項目も具体化された。日本もその動きに続いている。一例として東京証券取引所は、２０２１年に「コーポレートガバナンス・コード」（企業統治指針）を改定し、上場企業に人的資本に関する情報開示を迫った。

人的資本経営は時代のメインストリーム

経済産業省もすでに動き出している。2020年1月から、伊藤邦雄氏(一橋大学CFO教育研究センター長)が座長を務め、「持続的な企業価値の向上と人的資本に関する研究会」を開催。2020年9月に、人的資本経営という変革をいかに具体化し実践に移していくかに主眼を置いた報告書、通称「人材版伊藤レポート」を取りまとめた。

企業経営における人材戦略の現状とあるべき像を比較し、人材を資源ではなく資本と見なし、企業価値の創造につなげることの重要性を指摘したレポートだ。人材戦略を高度化し、人的資本経営に向けた経営の変革をリードする経営陣、経営陣を監督・モニタリングする取締役会、経営陣と対話を行う投資家に期待される役割やアクションについても整理している。

2022年8月には、内閣官房から「人的資本可視化指針」が発表された。人的資本に関する資本市場への情報開示のあり方にフォーカスし、既存の基準やガイドラインの活用法を含めた対応の方向性を包括的に整理した手引書だ。自社の人的資本への投資のインプットやアウトプット、アウトカムをわかりやすく伝えることにより、投資家をはじめとするステークホルダーによる自社の人材戦略への理解を深めることを目標にしている。人的資本に関する情報を可視化して経営者や従業員、投資家などの相互理解を図り、戦略的な人的資本を形成することが、中長期的な競争力の強化につながり、企業価値を向上していくと提唱している。

このように人的資本経営はもはや時代のメインストリームだ。製造業も例外ではない。人材を「資本」と捉えてマネジメントを行う人材マネジメントに対する経営者の関心は高い。

日本能率協会が実施した「２０２３年度（第44回）当面する企業経営課題に関する調査」でも、経営者層の意識の高まりを見て取れる。全国主要企業の経営者に経営課題を尋ねた同調査によれば、1位は「人材の強化」（48・9%）、2位「収益性向上」（44・9%）、3位「売り上げ・シェア拡大」（32・0%）となっている。そのほか、人に紐づく「働きがい・従業員満足度・エンゲージメントの向上」（14・6%）や、「現場力の強化」（10・6%）、「技術力・研究開発力の強化」（9・8%）なども喫緊の課題として挙げられている。人材の活用や個々の従業員の働きがい、エンゲージメントが収益性と並ぶ企業の重要課題になっている点には注目すべきであろう。

人材マネジメントの5つの課題

次に人材マネジメントにおける課題をまとめてみよう。人材に関する課題の解決は特定の領域や項目に有効に働くというよりも、どちらかといえばＱＣＤＳ全体に波及すると弊社では考えている。この考えを基に人材マネジメントの課題を

1. 要員計画
2. 採用
3. 育成・キャリア開発
4. 配置
5. 評価・報酬

の５つに整理した。以下、１から順に具体的に説明する。

1・要員計画

要員計画とは、経営計画や事業計画を実現するために必要な人員（人数）やスキルを明確にし、その結果に基づき採用や配置に関して立案した計画を指す。近い将来に向けて、部署ごとの具体的な人材配置や育成を考える人員計画とは異なり、要員計画は、企業全体の目線で中長期において必要になる人材について考えるものだ。要員計画の精度を高めれば、要員計画の基となった経営計画や事業計画の実現確率も高まる。

先に述べたように、投資家に対して人的資本を開示するトレンドが強まっている。ある製造

業の人事・経営企画部門の担当者は「コーポレートガバナンス・コードの改定を受けて、自社が保有する技術や技能を定量的に示すとともに、現場も含めた研修やOJTに割いた時間の集計にも力を入れたい」と話していた。

人的資本経営を目指し、人材に関する社内での議論を円滑に行うためには、どんな専門性を持った人材がどこにどれだけいるのかをまず可視化する必要がある。もちろん、これまでも要員計画を通じて、経営計画や事業計画の実現に必要な従業員の種類・人数を定義し、充足させる取り組みは行われてきた。しかし、その内容は全社一律のマネジメントを想定した職能等級制度に基づくことが多く、人材やスキルの要件が曖昧になりやすい。

事業や技術の変化に組織をいち早くキャッチアップさせるために、要員計画の精度を高め、具体的な要件に基づく人材像を定義しておきたい。現状を可視化することが、経営と現場が成果につながる建設的なコミュニケーションを行う基礎を築き上げていく。

2．採用

新卒の若い人材を採用しづらい中では、中途採用による内部人材の補強に加えて、派遣社員の受け入れや業務委託といった外部人材の活用も重要度が増す。一方で、一定の社会人経験を持つ中途採用者や外部人材は、新しい職場の風土や仕事内容への期待値を持っており、実状がそれとずれているというギャップも感じやすい。まずは後述の育成や配置も含めたフォローの体制を整えたうえで、適切に情報を発信することで期待値を調整し、ミスマッチを防いで離職率の低下を図る。

3．育成・キャリア開発

育成における製造業の課題の1つは、事業ポートフォリオの変革や組織再編に備えるために、さまざまな製品や工程の業務に対応可能な多能化を進めることだ。企業は、ある程度の規模になると毎年のように組織変更を繰り返す。目的はその時点の状況に合わせた組織の体制を作ることにあるが、組織変更を効果的に行うためには幅広い業務に対応できるマルチスキルの人材を前もって育成することが有効だ。育成が場当たり的では製造ラインごとの応援や部署異動を柔軟に実施しづらい。組織全体の最適配置を実現するには多能化の推進が不可欠だ。

マルチスキル人材が育っていれば、もともとは別々の製品を作っていた人たちが組織統合で同じ部署、同じ現場で働くようになった際も、互いのスキルを活かし協力しあって生産性を上げることができる。

しかしながら、実際には部署もスキルも縦割りのまま管理している組織が大半のため、簡単には進まない。またマルチスキル人材の育成には一定の時間を要する。決して平坦な道のりではないが、多能化は製造業にとっては緊急性の高い課題である。

その一方で、監理技術者や要素技術のエキスパートといった高い専門性を持つ従業員の育成も急務だ。例えばプラントエンジニアリング業界において、現場を全体監督できる監理技術者が欠けてしまえば、プロジェクト自体が成り立たず、受注もままならなくなる。プラントエンジニアリング業が監理技術者の育成にウエイトを置いているゆえんである。

ある化学メーカーでは、ポリマーの合成技術や製造プロセス技術に卓越した人材の継続的な育成を重点的課題としている。自社のコアとなる技術や専門性は何か。それを誰がいま担っているのか。次の人材育成は進んでいるのであろうか。こういった視点も製造業には必須である。

将来的な需要の量的もしくは質的な変化に対応するには、組織としてベテランから若手への技術・技能伝承を行いつつ、新たな技術の習得を計画的に進めて技術力を向上させる取り組みが求められる。キーとなる技術を持つ人材には社歴が長いベテランが多い。彼ら彼女たちの囲い込みを図りながらも、持てる技術を属人化させるのではなく、若手に技術を伝承していく環境を整えたい。

人材を育成するという組織の視点に加えて、それをキャリア開発に活かすうえでは個人の視点も必要だ。個々のモチベーションに沿った成長を促すためには個人の視点に立ち、それぞれの自律的な目標設定を通じたキャリア開発の仕組みが望ましい。組織が組織としての力を発揮していくうえで個々の従業員のやる気は不可欠だ。モチベーションが高まれば組織はポジティブに活動的に回り出す。モチベーションは組織の原動力である。

例として、製造業に従事していた経験を持つ弊社のマネージャーの個人的なケースを紹介したい。彼が以前勤めていた会社では半期ごとに目標にどれだけ到達したかを評価していたが、正直なところ、自ら主体的に目標を設定した認識はなかったという。自分がどれだけ成長できているのか、何が足りないかを把握できず「上司のフィードバックがすべてだった」と話す。

上司がつねに客観的にクリアに評価できるとは限らない。はっきりとした基準がないまま、ふわりとした評価で済ませているところは製造業だけでなく、日本の企業全般に多いのではないだろうか。そもそも目標が明確でなければ評価を受けても納得性が低く、モチベーションにつながりにくい。

弊社の顧客企業の中にこんな例があった。知名度も高い大手企業であり、エンジニアリング系の学生であれば誰もが憧れるような会社であるにもかかわらず、最近は2～3年ぐらいで辞めてしまう社員が後を絶たないというのだ。一人前のエンジニアに育つには一定の年月が必要だが、その前に辞める人が増えてきた理由を探ると、「成長実感のなさ」が浮かび上がった。この職場にいて自分は成長できるのか。他社に行ったほうが成長実感を得られるのではないか。若手社員が自身の目指す姿をイメージできず、モチベーションの低下から離職が発生していた。この状況を受けて同社はいま、スキルの定量データに基づくキャリア支援を強化している。

製造業は細分化した狭い領域で技術論議を重ね、切磋琢磨して技術を磨き上げていくため、隣の芝生が青く見えてしまうことがよくある。多くの製造業が頭を悩ませている問題だ。おいそれとは解決できないが、組織として専門人材を惹きつけてじっくりと育成していくと同時に、ほかの部署や領域での可能性も明確に見せていくことが大事だ。

4・配置

製造業では断続的に製品の開発プロジェクトや生産工程、新しい組織が立ち上がる。短いものであれば数カ月スパンで新プロジェクトが生まれ、並列的に進んでいく。業務品質を担保するためにはそれぞれのオペレーションを満たせるだけの従業員の配置が必要だ。数が多すぎては無駄になり、少なすぎてはオペレーションが回らなくなる。必要十分な数であることが大切だ。

配置をする際には、「総論賛成各論反対」が起こりやすい。新規プロジェクトや工程、組織に人を回す必要があると、頭ではわかっているが、誰をバイネームで割り当てていくのか、という段階に入ると途端に動きが悪くなる。趣旨は理解しているがそれとこれとは別、うちからは出せない、彼は出したくないといった反対意見が飛び交って、配置が壁にぶつかる。従業員を組織ごとにサイロ化させることなく配置を柔軟に実施する——。これは製造業が長年抱えている課題である。

製造業のみならず日本の企業の多くが取り入れている異動ローテーションにも根深い問題が

ある。異動ローテーションは、従業員の専門性を継続的に高めつつ、置かれた環境でパフォーマンスを発揮させたいという考えから実施されている。しかし、はたして個人として考えるとどうだろうか。スキルやキャリアに対する個々の要望と組織の考えとのバランスはとれているだろうか。

配置については検討の余地が多い。それだけ人材マネジメントの力が発揮できる場面でもある。

5．評価・報酬

従業員のモチベーションを引き出すためには個々の能力を人事評価と結び付け、賃金やボーナスなどに反映させる取り組みも欠かせない。評価や報酬はモチベーションを引き出す要素の1つである。資格取得の奨励はすでに各企業が取り組んでいるが、より発展的に従業員のスキルを可視化し、その向上を後押しする教育体制の構築やキャリアプランの提示に加え、評価制度や報酬体系の整備が求められる。こうした育成・キャリア開発や配置、評価・報酬のループを回すことが組織の持続的強化につながっていく。

人材マネジメントを支える「スキルマネジメント」

これまでに述べてきたように、製造業が置かれた環境から、人材マネジメントへのニーズがかつてないほどに高まっている。人材マネジメントの重要性はたびたび叫ばれ、実行されてきた。しかし、人材不足などの差し迫った状況がある中、育成や配置を担当者任せでやみくもに行うのではなく、しっかりとした根拠に基づいて、〝戦略的〟に行おうというのがこれまでとは異なる動きだ。その人材マネジメントで意思決定や具体的な施策を行ううえでの根拠になるのが、人の持つ「スキル」である。

スキルを根拠に行う〝戦略的〟な人材マネジメントとはどのようなものか。スキルをベースにした育成におけるアプローチにおいては、まずは職務や業務で必要なスキルを明確化することと、そして人材の持つスキルを可視化しておくことが必要だ。そのうえで、事業戦略と照らし合わせ、現在会社にあるスキルと3年後に必要なスキルの総量を比較する。スキルのギャップを明確にした中で、そのギャップを埋めるために育成を行っていく。スキルの根拠に基づく育成計画を立てることで、担当者任せの場当たり的な人材育成から脱却する。

配置についてはどうか。各企業での実態を見渡すと、依然として上司の記憶頼りの配置が多い。限られた人材を最大限に活かし、戦略的な人材配置、適所適材を行っていくためには、職務やプロジェクトで必要なスキルを持つ人材を可視化することだ。この方法により、スキルを基に人材を探し、候補者の中から人の配置を行っていくことができる。

加えて、先に述べたように、製造業を取り巻く環境は変化が激しい。先を見通すことは難しく、技術や事業も、そこで求められる職務や業務も激しく移り変わっていく。このような状況下では、仕事を細分化し、スキルを基にマッチングをしていかないと、そもそも人材の有効活用は難しくなっている。

日本の製造業が直面する困難な状況を持ち前の粘り強さで乗り越え、世界に存在感を示し続けるためには、スキルベースでの人材マネジメントが間違いなく重要な役割を果たすと考えている。第2章以降では、人材マネジメントを支え、大切な役割を担う「スキルマネジメント」について詳しく述べていく。

第2章

スキルマネジメントとは何か

スキルデータを活用した人材マネジメントで事業目標を達成する

前章では人材マネジメントにおける課題を見てきた。これらの課題の解決に大きな効果を発揮するのが、スキルデータである。スキルデータを根拠にして、採用、配置、育成などを行うことで、担当者任せや経験や記憶に頼った人材マネジメントを脱却する。また組織と個人の両面で好循環を発生させながら、事業目標の達成に向けて前進することができる。スキルデータの具体的な活用法については第3章に譲り、ここではスキルデータの重要性や役割、活用法の概略を紹介する。

図表2–1は、組織の視点からスキルデータがどのように人材マネジメントを支え、どのように事業目標の達成につながっているかを見たものだ。まずは事業目標や事業戦略から、どのような人材がどれくらい必要かという要員計画が設定される。制御設計ができる人材を10名というように、人材の質と量を定義した、いわゆる人材ポートフォリオを描く。そこに、職務で必要なスキルデータを照らし合わせ、採用に必要なスキル要件を具体化していく。

組織やプロジェクトのスキル要件を高いレベルで満たす人材は、組織横断で検索し、配置す

図表 2-1 スキルデータを活用した人材マネジメントで事業目標を達成する：組織視点のモデル

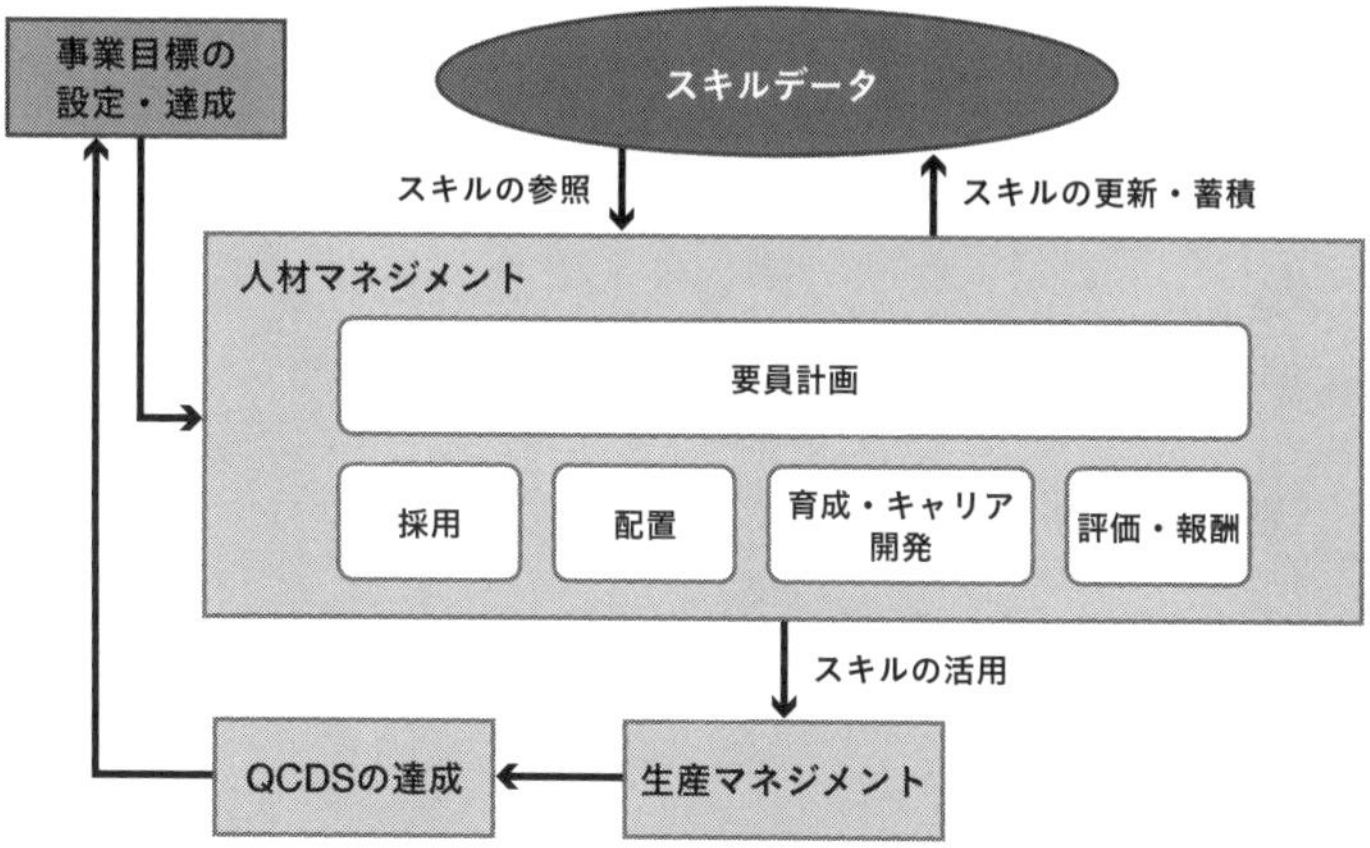

ることができる。また、スキルが今どれぐらい身についているのか、どんな技術・技能が伸びているのかが可視化されれば、育成も計画的に進めることができる。業績や能力の評価、金銭的・精神的な報酬も、スキルデータを根拠として提供される。

採用や配置、育成を通して組織にスキルが蓄積されていくと、そうしたスキルを製品開発やメンテナンスなども含む生産活動のあらゆる業務のマネジメント（生産マネジメント）に活用できる。ＱＣＤＳの要求にも応えられるようになり、品質や生産性、技術力などを向上させる。その結果、事業目標の達成に向けて前進していくことが可能になる。

一方で、戦略的な人材マネジメントを支えるスキルデータは、継続的な更新が不可欠だ。更新がされていない鮮度の低いスキルデータでは、生産工程をこなせると見込んで従業員を送り込んでも、スキルデータが古いために結局は業務をこなせないという事態が起きかねない。また難易度の高いスキルを習得したり、新しいスキルを次々と習得したりしている場合には、スキルデータに基づき、適切なフィードバックによって本人を評価したいところだ。

評価だけにとどまらずスキルデータが報酬につながる例も紹介したい。例えばある従業員が特定の資格を取得、あるいは難易度の高いスキルを習得したとする。企業によっては資格手当や報奨金でそれに報いるケースもあるが、報酬とは金銭的なものばかりとは限らない。褒める、称賛する、奨励するといった行動は従業員に達成感、満足感、自己肯定感をもたらす報酬の一種だ。

先ほどの図表2-1を個人視点での体験との関わりから見てみたのが次の図表2-2だ。人材マネジメントにおいてスキルデータを活用すれば、新しい職場への「挑戦」や新しい役割での「目標設定」、望むキャリアに向けて新たなスキル習得やスキルの更新・強化によって「成長」することができる。スキルの習得や更新は上司から促されるものだけではなく、自ら新たな技術や知識を取りにいく行動も該当する。

組織視点のモデルの「評価・報酬」はこの図における「自覚・自信」と表裏一体だ。褒められることによって組織に貢献できたという自覚や自信が生まれ、もっと上を目指そうという成長意欲が高まっていく。

図表 2-2　スキルデータを活用した人材マネジメントで事業目標を達成する：個人視点のモデル

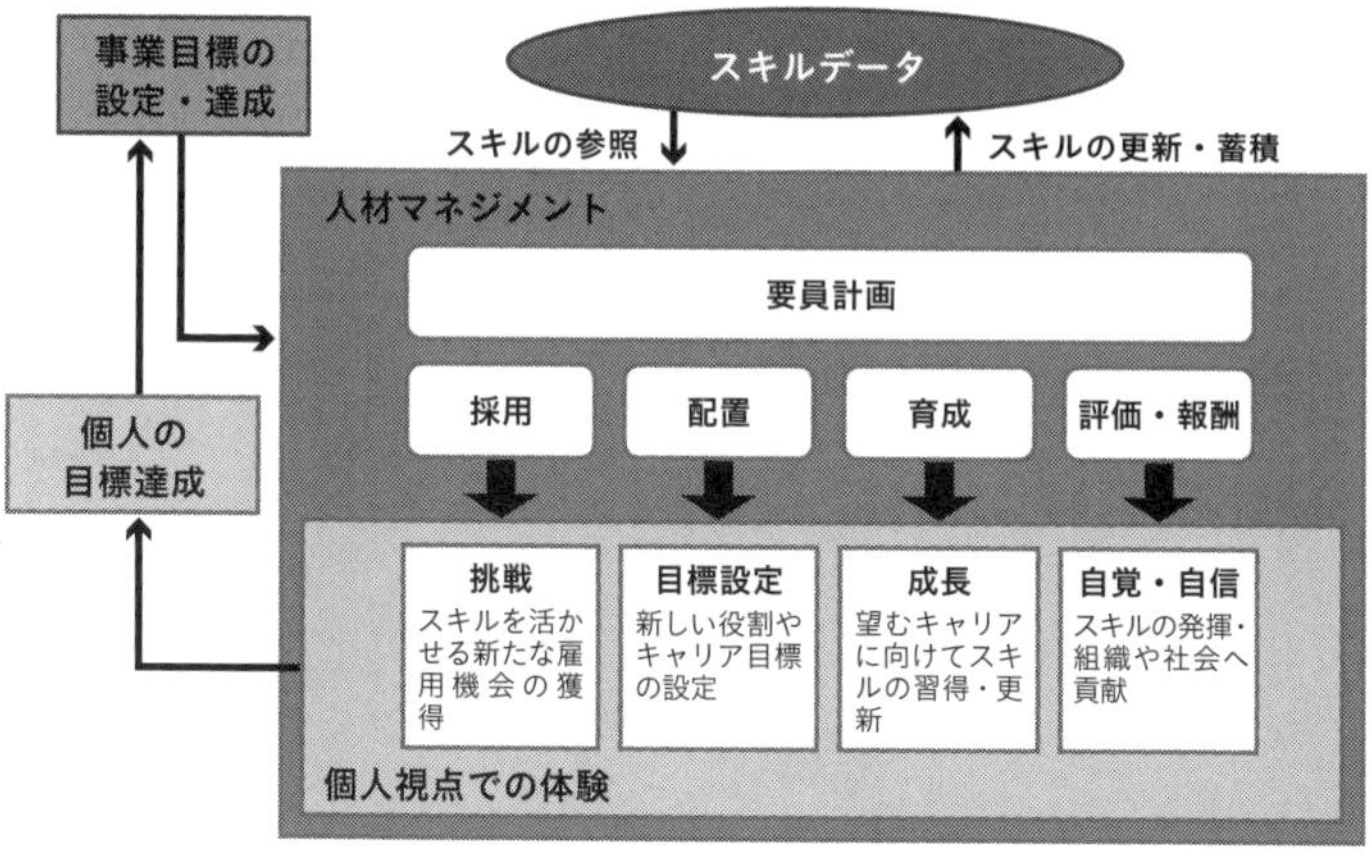

スキルデータの活用とは組織から従業員に向けて一方向に行うものではない。最初の段階としては組織が実践していくことになるが、同時に、個人を尊重し、主体的な成長をも促していく。精神的な報酬の重要性にも注目し、スキルの蓄積と奨励によりスキルがさらに発揮され活躍度が増す好循環を起こしていきたい。

スキルをベースにした人材戦略へ

しかしながら、日本の現状を見る限り、こうしたスキルデータの活用を実践している企業は少ない。そもそもスキルデータを正しく収集し管理する段階に至っていない組織がまだ大半だ。実施しているとしても多くが各部署でバラバラにエクセルを作成し、半年や年に一度振り返るか否かの管理にとどまっている。

だが、人手不足を背景にスキルデータの管理に対する考え方は変わりつつある。ある会社の生産技術部の担当者はこう話していた。

「30代〜40代にかけて人手不足がひどい。採用も難しく、計画的に技術伝承を進めていく必要があるが、人×スキル×年齢の情報はエクセルで管理しているため、どのスキルから優先的に教育すべきか見えにくい」

自分の部署もほかの部署もどこもかしこも人手不足にあえぎ、解決策が見つからない。技術や技能の伝承も滞り、切羽詰まった状況だ。多くの企業がこのままではさすがにまずい、事業自体を変えなければならないと考え、人事制度の見直しにも着手している。日本企業の一般的なトレンドとしては、従来型の職能等級制度から職務等級制度（ジョブ型）にシフトする、あるいは一部で採用する企業が多いようだ。

最近は、ジョブ型からさらに先に進んだ考え方として、スキルデータの活用が語られている。組織がスキルデータにポテンシャルを見いだしていることがわかる例として、大手コンサルティングファーム、ＥＹ Ｊａｐａｎの鵜澤慎一郎氏のコメントを引用しよう。

「業務内容が急激に複雑になり高度化していて、例えばあるプロジェクトリーダーの役割や部長の仕事などを明文化しても、それを実行できる人材が見つかりません。（中略）ジョブディスクリプションを書いても、すぐに陳腐化してしまうのです。こうした中、ジョブではな

図表2-3　既存の人事制度を運用しながらスキルデータを活用する

等級制度とスキルデータの活用例

	職能等級制度	役割等級制度	職務等級制度（ジョブ型）
概要	部署や職務によらず共通で必要となる能力を定義し、潜在的に保有しているかを評価	組織内の役割ごとに必要となる行動を定義し、責任を果たせたかを評価	職種・職務ごとに個別で必要となる知識や技術を定義し、責任を果たせたかを評価
適用業務の具体性	低	中	高
懸念点（例）	年功序列の運用になりやすく、若手の登用がしにくい点	評価基準が抽象的になりやすく、属人的な評価になりやすい点	職務定義をすべて満たすことが難しく、人材が見つかりにくい点
スキルデータの活用案	希少性・重要性の高いスキルを持つ従業員を検索し、登用	自身や部下のスキルが伸びたかどうかを評価基準の1つに設定	従業員のスキルに合わせて、職務定義を分割し、割り当て

くスキルをベースにした人材戦略が注目されるようになりました」（日経ＢＰ『Human Capital Online』の掲載記事「さらばジョブ型、新たな『スキルベース組織』による人材戦略とは」より）

　このように、多くの企業がスキルデータの活用に注目している。ジョブ型にも疑問を感じるようになっている。だが、このトレンドを受けて必ずしも人事制度そのものを変える必要はない。人事制度の運用をチューニングすることで、それぞれの制度の懸念点を解消し、スキルベースの人材戦略に導いていくことはできる（図表２−３）。

　長く日本企業の代表的な人事制度だった職能等級制度とは、潜在的な能力を定義・評価する制度だ。どのような業務を割り当てるのかが具体的でないため、「年次が上がれば能力も上がっていると見なす」という年功序列の運用になりやすく、優秀な若手がいても登用がしづらかった。だが、スキルデータを基に業界・会社として希少性・重要性の高いスキルを持つ従業員をあぶり出せば、若手の登用が可能になり、懸念点をカバーできる。

一方で、過去に欧米で主流だったジョブ型は、細かい単位で必要となる職種・職務の知識や技術を列挙して人材を当てはめながら、それぞれの責任を遂行できたかどうかで評価を行ってきた。適用業務の具体性は高いが、職務定義（ジョブディスクリプション）のすべてを満たすことは難しい。そもそも職務定義そのものが市場環境によってどんどん変わっていく性質があるため、結果として人材が見つかりにくくなるという本末転倒な事態を招いていた。しかし、ここにスキルデータを活用すれば、従業員が持つスキルを俯瞰しながら、職務定義をより細かい単位に分割して割り当てることで、事業推進に必要な人材を充足することができる。

これら2つの制度をブレンドした、日本独自の制度である役割等級制度は、役割を定義している点では職能等級制度よりは具体性が高いが、役割の責任を果たせたかどうかを客観的に評価することが難しく、属人的な評価が下されやすい点が懸念される。この問題に対しては、役割に求められるスキルを自身で伸ばせたか、あるいはマネージャーとして部下のスキルを伸ばせたかといった定量的な評価を、スキルデータを基に行うのがよい。より信頼性の高い評価を行うことができる。

こうしたスキルデータの活用はあくまで可能性の一部だ。組織によってさまざまな活用法がある。監査対応などでもともと現場の従業員のスキルを細かく把握しようとしてきた日本の製造業にとって、スキルデータの活用は親和性が高く検討に値するものなのではないだろうか。

スキルの違いが明確に認識されれば個に光が当たる

スキルデータを活用することで得られる効果は世界的にも脚光を浴びている。米国デロイトが世界中の1021人の労働者と225人の経営者（事業・人事領域の責任者）に対して調査を実施しまとめたレポート「スキルベース組織─新たな仕事と労働者のモデル」（日本語版）では、労働者と組織の双方で価値を生み出すために仕事を整理する「最も良い方法」は何かという質問に対して、経営者の60％が「仕事の細分化」を挙げ、90％が「現在、幅広い労働慣行においてスキルベースのアプローチを積極的に試している」と回答していた。ここでいう「仕事の細分化」とは労働者が自分のスキルや興味に合わせてタスクの割り振りや配置を行い、プロジェクトを流動的に渡り歩けるようにすることだ。

労働者の考えも、傾向としては経営者と大きくは変わらない。仕事を整理する最も良い方法として「仕事の細分化」を挙げた労働者は38％。89％が、組織が仕事の定義や人材の配置、キャリア管理、労働者の評価をする方法として「スキルが重要になりつつある」と回答していた。経営者、労働者ともに目指す先が共通であることを示唆する内容だ。

同レポートで注目すべき点はほかにもある。仕事のアレンジとスキルベースの人事運用が一貫性のある基準で透明に扱われるなら、それぞれが持つスキルの違いが明確に認識され称賛されるようになり、労働者は本来の人間として見られるとまとめている。スキルに焦点を当てることにより、一人ひとりの違いや個性が組織の中でより際立つことを強調している。スキルベース組織への移行は、ジョブではなく個人に基づいて意思決定を行うという進化の第一歩である、と述べている点も興味深い。

人材マネジメントにスキルデータを活用することは、企業が組織として強くなるための方法論であるだけではなく、個人が本来持つ能力や可能性を引き出し、個人の尊重につながることは先に述べた。言わんとすることの本質はデロイトのレポートとほぼ同じだ。企業や組織としての価値、個人としての価値は相反するものではない。両者は表裏一体であり、相互に作用して互いの価値を高めていく。

スキルデータを事業目標の達成に貢献させるのが「スキルマネジメント」

ここで改めて、スキルデータ活用の方法論を示す「スキルマネジメント」について、弊社の考えを伝えたい。

弊社が製造業に提唱しているスキルマネジメントとは、「従業員のスキルデータを体系化・一元化・可視化することで、高度な専門性を持つ人材の育成や多様な組織・プロジェクトに対する最適人材の配置、ひいては人材ポートフォリオの充足を実現し、事業目標を達成する活動」である。体系化・一元化・可視化のサイクルの中で、スキルデータの価値が高まり、意思決定が進む仕組みを構築していく点が重要なポイントだ。

以下、体系化・一元化・可視化のそれぞれについて説明していこう。体系化とは、スキルデータを階層的に整理し、広く連携することで、経営や現場にスキルに関する共通認識をつくっていくプロセスを指している。体系化によりこれまで距離感があった経営や人事と現場、および異なる現場同士が、同一のスキルデータを基に、それぞれ理解しやすい階層・粒度に置き換えながら会話できるようになっていく（図表2-4）。

図表2-4 スキルデータを主軸に、体系化・一元化・可視化のサイクルを回す

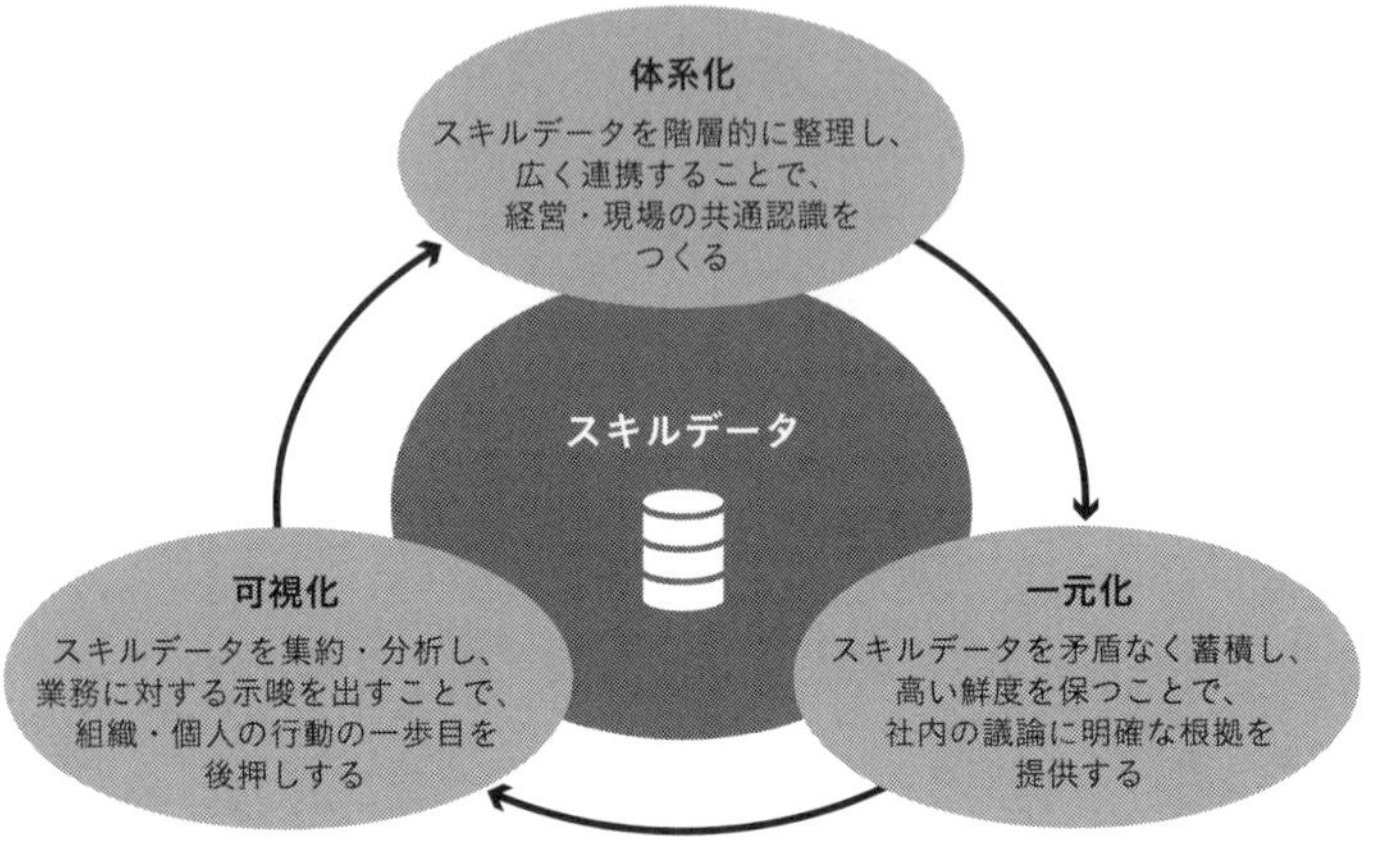

共通認識が醸成されたら次は一元化のステップだ。スキルデータを矛盾なく蓄積し、高い鮮度を保つことで、目指すべきスキルは何なのかといった社内の議論に明確な根拠を提供できる。ここで肝心なのはつねにデータを最新のフレッシュな状態に保つこと。鮮度管理が重要だ。

次の可視化の段階では、スキルデータを集約・分析し、業務に対する示唆を見いだすことで、組織や個人の行動の一歩目を後押ししていく。データが集まればさまざまな軸で分析を行い、傾向を見ることができる。それらは貴重な示唆の宝庫だ。現在の業務に対してどのようなスキルが足りていないのか、どんなスキルが伸びているのか。組織ごとの違いを見れば、ある部署に不足しているスキルに対して別の部署から人を送り育てる、といった個人単位の行動も可能になる。

行動が変われば状況が変わり、外部環境の変化も踏まえてさらに体系化を進めることで新たな共通認識が育まれ、社内に浸透していく。

体系化・一元化・可視化のサイクルは人材マネジメントの領域にとどまらず、さまざまな業務に優れた波及効果をもたらし、結果的にはゴールとする事業目標の達成を後押しする。スキルマネジメントによってスキル育成を計画的に実施すれば、スキルを確実に習得できるようになり、余裕を持ったものづくりが可能になる。

既存事業においては、技術・技能伝承や多能化を計画的に進めていくことで、品質トラブルの防止や品質改善、生産性の向上にも役立っていく。QCDSの要求を満たしながら、事業を安定して継続できる。また、デジタル技術を含む新しい領域のスキルを習得・強化していくことで、既存事業の高付加価値化、競争力の向上にもつながっていくだろう。

新規事業への挑戦や拡大の可能性も高まるはずだ。新しい領域のスキルを習得することや、スキルに基づく戦略的な配置を行っていくことで、技術力を高め、事業の推進に必要な人材ポートフォリオを充足できる。事業部門の活動に正しく織り込むことで、スキルマネジメントは事業活動に大きな役割を果たす。

体系化を構成する3つの要素

ここでスキルマネジメントのコアとなる3つの要素（体系化・一元化・可視化）についてそれぞれもう少し詳しく解説していきたい。

体系化のプロセスでは、1．スキル分類、2．スキル項目、3．レベル基準、の3つを組み合わせたスキル体系を構築し、スキルデータの基本構造を決定する（図表2-5）。

1．スキル分類

スキル分類とは、スキルを職種や組織などの単位で階層化した分類だ。例えば、同じ「開発」といっても「機械」を担当している従業員もいれば、「電気」を担当している従業員もいる。「機械」はさらに「要素技術」や「業務知識」といった項目に分類できる。このようにしてスキルを細かく分類し、階層化して整理するのがスキル分類だ。

図表 2-5　体系化：3 つの組み合わせでスキルデータの基本構造を決定

スキル分類（例）
スキルを職種や組織などの単位で階層化したもの

スキル項目（例）
スキル分類と紐づき、各従業員に対して評価・認定を行う単位となる、業務遂行能力を定義したもの

レベル基準（例）
スキルの上司評価ないしは自己評価の基準として、各スキルの習熟度合いを段階的に定義したもの

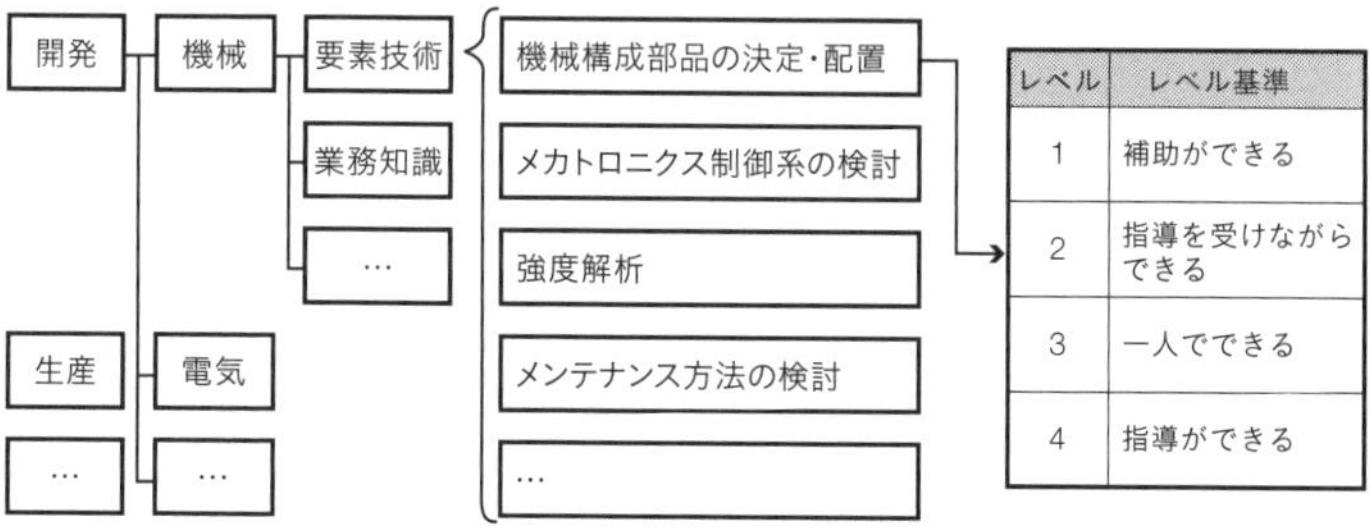

レベル	レベル基準
1	補助ができる
2	指導を受けながらできる
3	一人でできる
4	指導ができる

2. スキル項目

「要素技術」には、どのような部品をレイアウトするのかという「機械構成部品の決定や配置」「メカトロニクス制御系の検討」などが含まれる。製品が荷重で壊れることがないようにシミュレーションして強度を評価する「強度解析」も「要素技術」を構成するスキル項目の1つだ。

スキル項目では、1のスキル分類に基づいて各従業員の直接的な評価や認定の単位となるスキルを定義する。スキルという言葉には多様な解釈があり、人によってその対象とする範囲も異なる。本書では、特定の技術や技能を指す狭義のスキル、知識や資格、さらにはその下支えとして機能する教育・訓練や経験なども含んだ業務遂行能力を広義のスキルと定義している。とくに断りがない限りはスキル＝広義のスキル

図表 2-6 体系化：業務遂行能力を定義づけるスキル項目

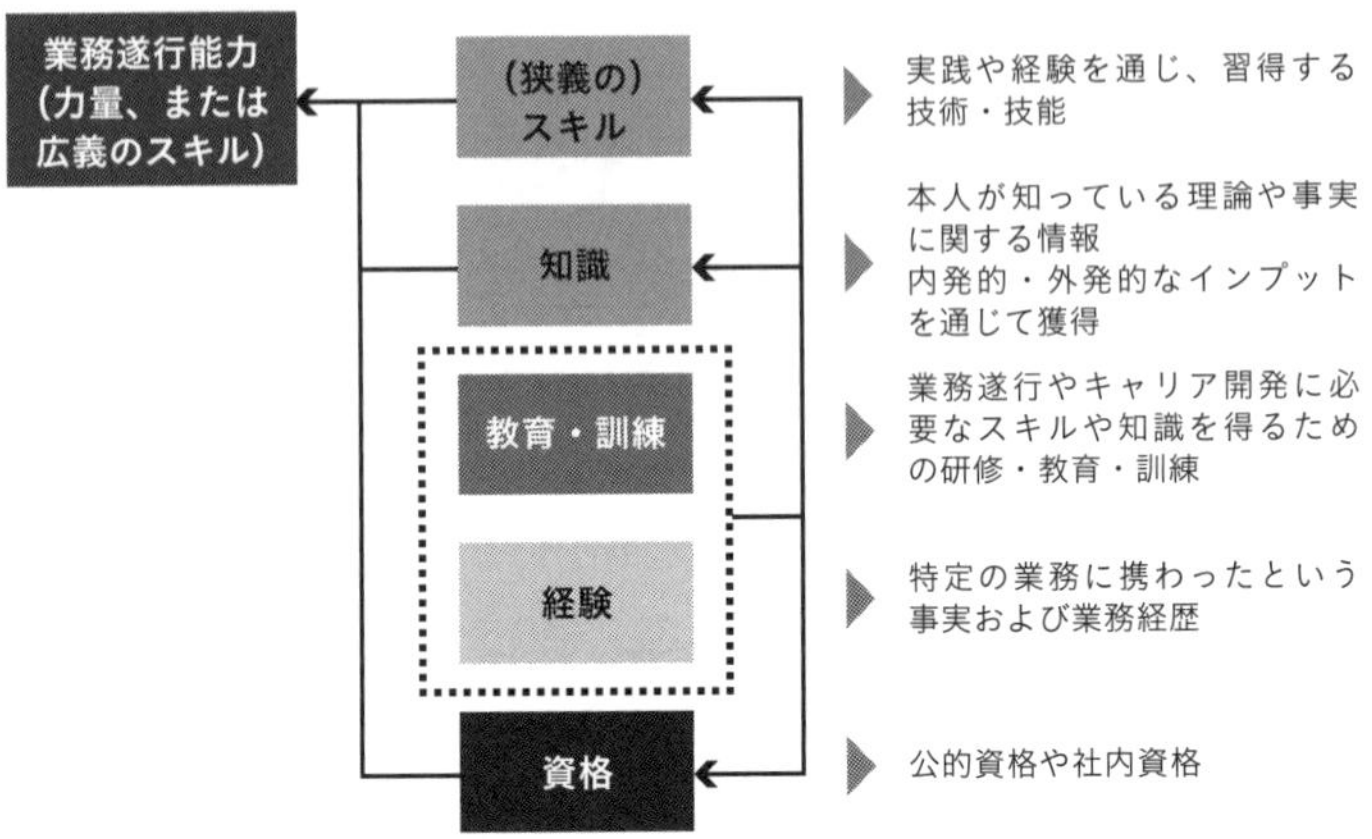

と捉えていただきたい。

業務遂行能力（広義のスキル、力量とも呼ばれる）は、実践や経験を通じて習得する技術や技能を指す「（狭義の）スキル」、本人が知っている理論や事実に関する情報のほか内発的・外発的なインプットを通じて得られる「知識」、公的な資格のほか社内の技能テストなどを通じて認定される社内資格を含む「資格」の3つの要素が主たるものになる。「資格」は「（狭義の）スキル」と近い概念だが、スキルに比べてより厳密に、第三者によって制度的に認定されたものである（図表2-6）。既存のスキルマップでは、狭義のスキルだけではなく、「知識」や「資格」、さらには「教育・訓練」「経験」といったものも含めて評価を実施するケースが多い。

業務の遂行やキャリア開発に必要なスキルや

知識を得るために実施される「教育・訓練」も業務遂行能力に影響を与える要素だ。過去に特定の業務に携わったという事実や業務経歴を指す「経験」の力も大きい。こうした「教育・訓練」や「経験」が元手となって「(狭義の) スキル」「知識」「資格」に昇華されていく。

3. レベル基準

レベル基準では各スキルの習熟度合いを定義する。スキルの上司評価、もしくは自己評価を行う際の基準となるよう、例えばレベル1は「補助ができる」、レベル2は「指導を受けながらできる」、レベル3は「一人でできる」、レベル4は「指導ができる」といったように明確に定義することが重要だ。

レベル基準の段階や定義は、会社によって異なる。スキルごとにレベル基準を設ける場合もあれば、どのスキルでも共通のレベル基準で統一する場合もある。当然ながら、スキルごとにレベル基準を変える前者のほうが精度は高まるが、一方で、膨大な数のスキル項目にそれぞれレベル基準を設定しなければならない。また評価するときにも毎回読み込む必要があるため、管理工数が急増する。

どちらが正解ということはないが、スキル評価の精度と管理工数のトレードオフになるので、その点を考慮しながら決定していくことになる。これまでの経験からは、基本は共通のレベル基準を用いながら、「これは」という大事なスキルについては、必要に応じて個別にレベル基準を設けるという折衷の方法がおすすめである。

用途に合わせてデータの粒度を選択する

スキルデータの基本構造を決定するうえでは、とくにスキルデータの用途に応じたスキル分類の粒度の設定が重要となる（図表2−7）。要員計画を立てる場合、人事視点に立てば職種（または粗めの職務）単位で必要な人の数を決めていくことになるだろう。

プロジェクトに人員を配置する際にはもっと細かな粒度が必要になる。人事主導で人員を割り振りできるプロジェクトばかりではない。プロジェクトの規模や領域によっても構成要員は異なる。人員を割り当てるうえでは、必要なスキルを確認し、現実とのギャップを埋めていかねばならない。職種のみならず、より細かな職務や専門領域のスキルデータが必要だ。

技術・技能伝承やＱＭＳ（品質マネジメントシステム）の運用は業務や技術・技能の単位で行う。現場に近づけば近づくほど、求められる粒度は細かくなる。ＱＭＳに至っては、品質を担保するために作業単位での定義となり、非常に細かな粒度が必要だ。

もっとも、この粒度のデータは人事からするとあまり必要がないともいえる。人事が可視化したいのは細かくても職務や専門領域の単位のスキルだ。全社で共通化したほうがいいものもあれば、事業部門内での個別化を許容すべきものもある。はっきりと境界線があるわけではない。スキルデータの用途に応じて異なるスキル分類の粒度を設定し、連携・活用していくこと

図表2-7 体系化：スキルデータの用途に応じて粒度を決定

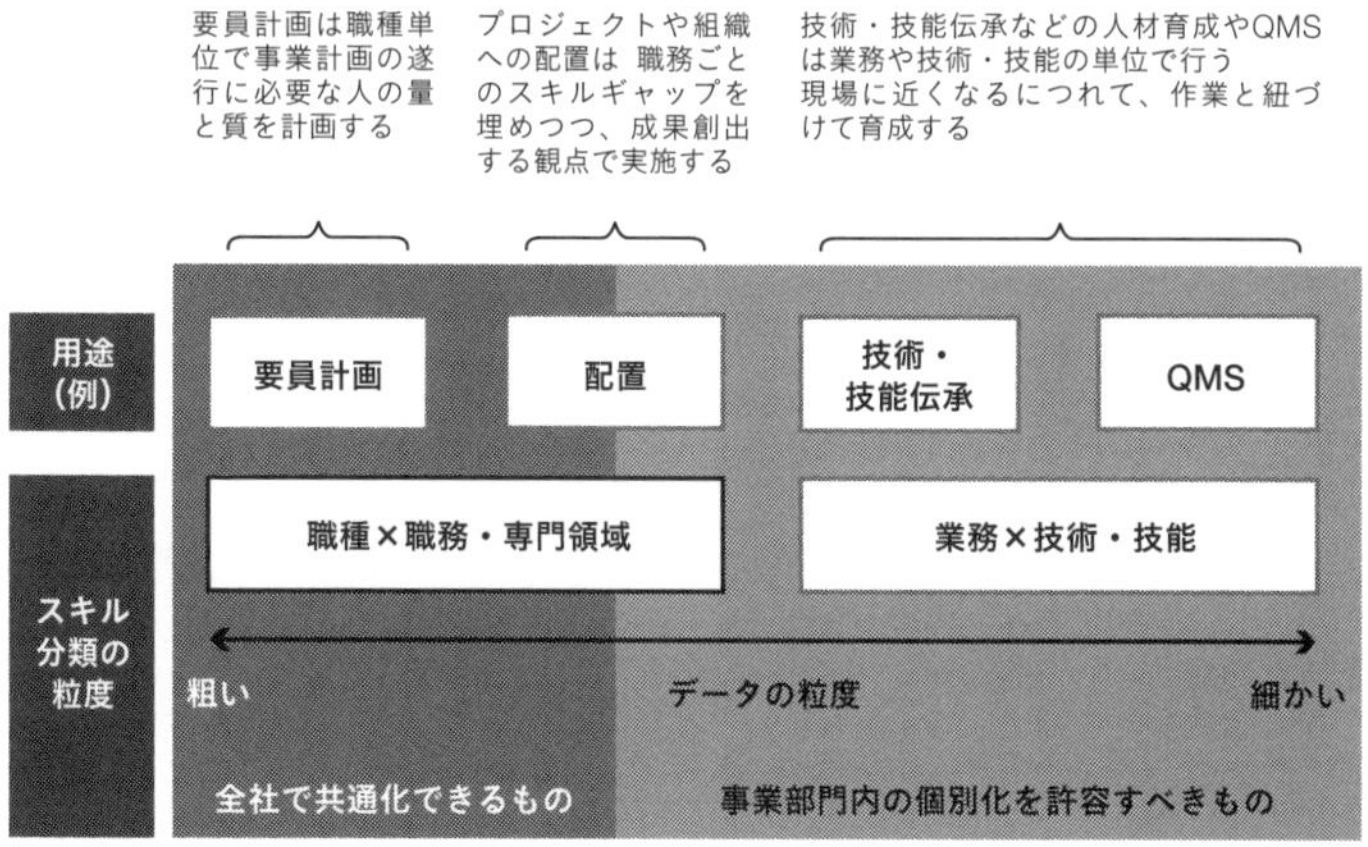

が必要だ。

点在するスキルデータを一元化する

次にデータを「一元化」していくプロセスを見ていく。まず、従業員名とスキル項目を軸としてデータを名寄せし、そのかけ合わせで定義されるスキル保有状況はつねに最新のものが表示されるようにする。Aさんという従業員のスキルデータは、所属している製造課のスキルマップ上のデータと、環境保安部が安全衛生の目的で記録している資格管理簿のデータとで一致しているだろうか。研修を実施した人材開発室に残されている帳票上のデータと同一だろうか。もしかしたらそれぞれがバラバラに、もしくは二重三重に管理されているかもしれない。1人の従業員であるにもかかわらず、ある部署ではレベル1、別の部署ではレベル2と記録されているケースはよくある。比較してみると齟齬があるのだ。

同じ従業員のスキルデータが1カ所に集まっておらず、訓練や研修を実施した部署で記録されていることも多々ある。また、異動した際にスキルデータが引き継がれず、せっかく保有しているスキルが新しい上司や管理者からは見えなくなっているケースも多い。エクセル上のいろいろなところにデータが点在しているのが、製造業の現場におけるスキルデータの現状だ。

このままではデータとしての精度に欠けるため、職種や組織を問わず、同じ従業員の同じスキルであれば必ず分類や項目も同一のものとして管理し一元化する。ここは非常に重要なポイントだ。

一元化については次のような声をよく聞く。

「うちがやっていることは特殊だから」

「ほかの部署とは共通化できない」

しかし、詳しく見ていくと必ずしも「特殊」とは言い切れないスキルも多い。例えば、塗装やはんだ付けといった製造工程におけるスキル項目だ。対象となる製品や部材が異なるので違うスキルとして扱いがちだが、よく見ると作業そのものは一般性があり、部署をまたいで共通化できることも多い。また、品質や改善、安全などに関わるスキルも共通性が高い傾向にある。部署や組織によって多少名称は異なるかもしれないが、内容として同じであれば部署をまたいだ共通のスキル項目として管理すると、その先ではスキルデータを組織横断で活用できるようになっていく。

一元化できればスキルマップをベースにして、目標レベルに応じた適正な教育訓練計画が立てられるようになる。実際に教育訓練を経て従業員にスキルが定着し向上すれば、それらをスキルマップに反映させる。

可視化によって行動に向けた示唆を提示

体系化・一元化を行ったら、スキルデータを可視化していく。ただし、人に紐づくスキルデータにはさまざまな種類があるため、一気にすべてを表示すると見づらくなる。見づらいと、次につながるヒントや的確な示唆が得られない。

データから適切な示唆を得るには、目的に応じた切り口で集計を行い、つねに最新の状況が表示されるようにしておくことが有効だ。図表2-8では、任意の複数の従業員のスキル項目をマッピングし、スキルデータを参照・比較している。

図の上下を比較してみてほしい。どちらも同じ従業員のスキルデータを表示しているが、上側では製造部に共通する（狭義の）スキルや施工に必要なスキルの現状を表し、下側では国家資格や公的資格の取得の有無がすぐにわかるようになっている。誰がどの資格を持ち、その資格が有効期限内なのか、あるいは期限切れなのかを一目でチェックできる。下の図で網がかかっている箇所は有効期限切れの資格だ。

このような単純なマッピングにとどまらず、より高度な分析ができるようにもしていきたい。例えば、経年変化で失われてしまうスキルのランキング表示だ。特殊品加工やベース加工など具体的なスキル名ごとに、1年後、3年後、5年後、10年後、それ以降で失われる人数をランキング形式で表示していく。定年退職による喪失を想定し、従業員の年齢と有効期限のデータを紐づけることでこうしたランキングが可能になる。

いったんスキルが失われてしまうとそこからのリカバリーは難しい。それよりも前に喪失リスクが高いスキルを発見し、重点的に育成や技術・技能伝承を図る教育や訓練を行いたい。場合によっては採用につなげていく施策も必要だ。いま潤沢にあるように見えるスキルでも、もしかしたらそのスキルは3年後、5年後には現場から消えてしまうかもしれない。

体系化し、一元化し、可視化したスキルデータを通して組織や分類別に傾向を分析することで、次なる具体的な行動に向けた示唆を得ることができる。

図表 2-8　可視化：従業員×スキル項目のマッピング

	山田 和也 ⋮	橋口 拓也 ⋮	宮川 純一 ⋮	松田 仁美 ⋮	森下 建司 ⋮	竹下 治郎 ⋮	上杉 貴利也 ⋮	水口 直道 ⋮	矢島 輝 ⋮	佐竹 穂乃佳 ⋮
∨ 製造部										
∨ 共通										
ス 図面の読み取り …	1	4	4	4	4	4	1	1	1	1
ス 測定器の取扱い …	3	4	4	4	4	4	2	1	2	2
ス 製品理解 …	4	4	4	4	4	4	1	1		1
∨ 加工										
ス 素材切断 …	2	4	4	4	2	3	1	1	1	
ス 荒加工 …	4	4	4	3	3	4	1	2		2
ス 追加工 …	4	4	3	3	4	3	1		2	1
ス 外面研削 …	4	3	4	4	3	3		2	2	
ス 平削り …	4	4	3	3	4	4	1	2	1	1
ス 研磨 …	3	4	3	4	3	4		2		1
ス 特殊品加工 …	4	4	4	3	3	4				
ス 砥石交換 …	4	4	4	4	4	4				

	山田 和也 ⋮	橋口 拓也 ⋮	宮川 純一 ⋮	松田 仁美 ⋮	森下 建司 ⋮	竹下 治郎 ⋮	上杉 貴利也 ⋮	水口 直道 ⋮	矢島 輝 ⋮	佐竹 穂乃佳 ⋮
∨ 国家資格・公的資格										
資 危険物取扱者（乙4） …	●	●			●				●	
∨ 資 危険物取扱者（甲） …	●	●		●						
教 危険物取扱者保安講習 …		●		●						
資 消防設備士（乙種6類）	●	●		●						
∨ 資 消防設備士（乙種7類） …	●	●		●	●					
教 消防設備士講習［初回2 …										
教 消防設備士講習［5年］ …										
資 普通ボイラー溶接士 …	●	●		●	●				●	
資 特別ボイラー溶接士 …	●	●		●	●					
∨ 資 第一種電気工事士 …		●		●						
教 第一種電気工事士定期講 …										
資 第二種電気工事士 …	●	●		●	●				●	

スキルマネジメントの類似概念や既存手法

「能力管理」の考え方

スキルマネジメントにはいくつかの類似概念や既存手法がある。1つの例として、職業能力開発や産業教育学・労働科学を専門とする森和夫氏が著した『実践 現場の能力管理：生産性が向上する人材育成マネジメント』（日科技連出版社）を取り上げよう。

森氏は能力管理を次のように定義している。

「組織としての活動を維持・発展させることを目的として、組織構成員の能力向上を図り、組織としての成果を上げること」

事業目標を達成するためにこそ個人の能力を目標に活かす。それが能力管理であると述べている。また、同書には次のような指摘もある。

「（前略）能力管理では、能力開発、能力評価、能力把握、暗黙知指導、作業指示、技能分

析、成果の検証などを扱う。また、その対象は人材の能力に関する内容に限定する。職能等級制度は能力評価の結果を人事管理として反映することから、人事制度や人事管理として扱うものとしたい」

人事管理や労務管理、作業管理や生産管理といったほかの管理分野とは異なり、能力管理を能力開発や評価・把握、技能分析、成果の検証などを扱うマネジメント手法と捉えている点は注目に値する。

同書ではまた、能力管理の方法として縦軸には能力項目を、横軸には作業者名を記載して、能力の保有状況を評価する能力マップを提示している。能力マップを組織の目標達成のために使用するマネジメントが、概念としてすでに存在していることがわかる。

弊社が推進しているスキルマネジメントは、こうした先行する考えや手法を参考に開発したものだ。能力に関するデータをどのように使うかを定義し、データの体系化・一元化・可視化を通じて、人材マネジメントや現場業務に広くデータを活用することに焦点を置いているのが従来型の能力管理との違いである。

ＩＳＯ９００１の力量管理

製造業の現場では、以前からスキルマップ（力量表）を作成し、どの従業員がどのスキルを持っているのかをマトリックス上で点数付けする、いわゆる星取り管理を行ってきた。この背景にあるのが、品質マネジメントシステム「ＩＳＯ９００１」の要求事項の1つである力量管理だ。ここでいう力量とは、「意図した結果を達成するために、知識及び技能を適用する能力」と定義されている。力量管理の要求事項として、具体的には、組織は「品質マネジメントシステムのパフォーマンスおよび有効性に影響を与える業務をその管理下で行う人（または人々）に必要な力量を明確に」しなければならない。「適切な教育、訓練または経験に基づき、人々が力量を揃えていることを確実に」することも必要だ。「該当する場合には、必要な力量を身につけるための処置を取り、取った処置の有効性を評価」する。さらに、「力量の証拠として適切な文書化した情報を保持」することも求められる。まとめるならば、品質が重要な業務において、業務を遂行する人たちがどんな力量を持っていれば品質を保つことができるのかというロジックを明確にせよということだ。

製造業ではＩＳＯ９００１を取得している企業が多く、この要求事項に準拠するために、スキルマップを作成して従業員のスキルの保有状況を管理し、不足するスキルに対しては教育訓練を計画し実行する、という運用が広く普及している。これらをしっかり運用して、記録にも残すことで、力量に関する「要求事項」を満たすことができる。ＩＳＯ９００１とは「認証されている企業や事業所は、要求される品質水準を担保するための仕組みができている」ことを証明する規格だが、現実には力量管理の運用に課題がある事業者は少なくない。

適切に運用されていないスキルマップ

ＩＳＯ９００１の力量管理を進めるうえでは、スキルマップを作成し、従業員の力量の保有状況をデータ化することになる。この一連のプロセスは本来、企業や組織の教育や人材育成にもたらすメリットが大きい。

しかしながら、現実には力量管理を監査のためだけに使っている企業のほうが多数派で、運用がうまくいっているとはいえないようだ。弊社が実施したアンケート調査において、スキルマップやその作成について困っている点を尋ねたところ、圧倒的に多かったのは「スキルマップが十分に活用できていない」という回答だ。次に多かったのが「スキルマップの更新がされていない」「紙やエクセルによるスキルマップ運用が負担」である。苦労してスキルマップを作ってはみたものの、作ったら作りっ放し。スムーズな運用や活用には程遠い、という現実が浮き彫りになった。

力量管理について尋ねると、担当者からネガティブな反応が返ってくることは珍しくない。認証時に作ったものを惰性でただ更新しているとこぼす担当者もいる。ただでさえ多忙なのになぜここに多くの工数を費やさなくてはいけないのか、という不満から「やらされ感」が伝わってくる。本来であれば教育や人材育成に役立つはずの力量管理が、形骸化し、現場で働く人たちにとっては負荷になってしまっているケースもある。

しかし、本質的には、力量管理における一連のプロセスは、従業員のスキルデータの可視化を実現するものだ。そして、それは、可視化されたスキルデータを基に企業を戦略的な人材育成や配置、キャリア開発の成功へとも導くもののはずだ。だからこそ、改めて、力量管理の進め方を問い直し、スキルマップを生きたものにしていきたい。

製造現場で求められるスキルは細かい

なぜＩＳＯ９００１の認証時に作成したスキルマップをその後うまく運用できないのだろうか。この疑問を解く１つのカギは力量、もといスキルの粒度にある。

次ページの図表2‐9を見てほしい。機械組立に関するスキルの例だ。基本組立だけでも「図面・部品確認」「部品の選定」「ベースフレーム設置作業」「ユニット組立作業」「付帯設備組立作業」「本体組立作業」と6つに分かれている。開発や生産の現場で求められるのは作業単位でのスキルだ。作業ベースで分解していくと1つの課で100項目を超えるケースは普通にある。1000近い項目に至るケースもある。それだけの項目を毎期更新し、評価をする。途方もない手間が発生することは想像にかたくない。

もしこれが営業や総務のスキルならここまで細かい分類はしないはずだ。現場において粒度が細かくなってしまうのは、現場では細かい作業レベルで品質を保ちながら生産を行っているからにほかならない。この作業の細かさが運用のハードルを上げている。

スキルマップの適切な運用が妨げられている2つ目の理由としては、ニーズの複雑化が挙げられる。従来の力量管理は、現場ごとの品質マネジメントという意味合いが強く、主な役割はISOやIATF（自動車産業に特化した品質マネジメントシステムに関する国際規格）などの法令や規格への対応、資格や認定教育の漏れ防止にある。どちらかといえば「守り」での運用だ。しかし、現在では組織的な人材の育成やキャリア開発、配置といった活動にスキルデータを活かす「攻め」の取り組みも重視されている。

こうしたニーズは複雑化・多様化する一方だ。多能化の推進に使いたい、技術・技能伝承に役立てたい、目標設定に用いたい、要員計画や配置に取り入れたい、異動ローテーションの判

図表 2-9 製造業の事業部門で求められるスキルは細かい

機械組立に関するスキルの例

機械組立	基本組立	図面・部品確認
		部品の選定
		ベースフレーム設置作業
		ユニット組立作業
		付帯設備組立作業
		本体組立作業
	精度出し	指定精度出し作業
		嵌め合い精度出し作業
	機械調整	ユニット調整作業
		センサー調整作業
		自動化ライン調整作業
		付帯装置調整作業
		製品調整作業
		芯出し調整作業
		仕上げ作業
	配管	配管組立作業
		空気圧配管作業
		油圧配管作業
		ねじ切り配管作業
		コンベアーベルト蛇行調整
	配管調整	エアー調整作業
		シリンダー調整作業
		ストローク調整作業
電気配線	基本配線	圧着作業

社内教育		機械組立基礎
		電気基礎
		シーケンス制御
		テスター操作
		電気配線
		危険物・危険管理教育
社内認定作業		溶接作業
		検査作業
		測定機器の取り扱い作業
		計測器の点検・校正作業
労働安全衛生法	技能講習	ガス溶接作業
		フォークリフト運転
		床上操作式クレーンによる作業
		玉掛け作業
	特別教育	アーク溶接作業
		産業用ロボット操作
		ボイラー取り扱い
		高所作業車
		自由砥石の交換及び試運転作業
	その他	第一種衛生管理者
		安全運転管理者
		安全管理者
消防法		甲種防火管理者
講習		普通救命講習

断に使用したい、人的資本開示に活用したいなど多岐にわたる。さまざまな部署の人たちが自分たちの視点で「これに使いたい」「あれに使いたい」と考えている。

だが、いかんせん現実が追いついていない。データは共有フォルダに置かれているわけでも管理ルールが決まっているわけでもなく、基本的には個別にエクセルでまとめられている。担当者のPCの中に入ったまま、場合によっては人の頭に入ったままであるため、複雑化したニーズには応えにくい。

スキルマップの運用が進まない3つ目の理由としては、データの分散化がある。組織改編、業務担当の変更のたびに担当者がそれぞれエクセルのファイルを分けてスキルマップを作成できてしまうため、スキルデータはどんどん派生し、別バージョンのデータが生まれる。データのサイロ化現象だ。

バラバラのエクセルに類似の項目が複数記載されてしまうと、データの名寄せや最新データの参照は困難だ。スキル項目の中身は同じなのに、微妙に表現が異なっていると、本当に同一なのかどうかは判断しづらい。最新のスキル保有状況を見たいが、同一人物・同一スキル項目でも認定レベルの異なる複数のデータが存在し、真実がわからない。こうして多くの企業がISOの監査時や社内のスキルを分析する際に、たいへんな思いをしてデータ統合に時間を費やす羽目になる。

スキルの粒度の細かさ、ニーズの複雑化、データの分散化。これらがISO9001を背景としたスキルマップの運用をつらい作業にしてしまう3つの理由だ。思いあたるフシがあるという組織は非常に多いのではないだろうか。

以上、スキルマネジメントの類似概念である能力管理とISO9001の力量管理について述べてきた。能力管理も力量管理もそれぞれに用途があり、役割や効果がある。だがそれぞれに限定的でもある。弊社がスキルマネジメントの実践により目指しているのは、第1章で述べた社会課題の解決だ。スキルデータを活用した人材マネジメントを行うことにより、働く人が高いモチベーションで働ける環境を整備し、製造業を活性化する。そして社会課題を少しでも解消に導いていきたい。

現場で「使える」スキルマネジメントにするために

ITの進化がスキルマネジメントを容易にしている

スキルマップの運用がつらい作業の現状のままでは、「攻め」に活用することは難しい。だが、スキルマネジメントとはそもそもがつらいものだと諦めてしまう前に、自社で負担が少なく運用できるやり方を、ぜひ一度前向きに検討していただきたい。

今では、ITの進化により新しいやり方が可能になった。弊社も、ものづくりのDX推進に貢献すべく、製造業向けのスキルマネジメントシステムをクラウドサービスで提供している。

スキルマネジメントの領域にITの力を活用することで、エクセルや紙では難しかった大量データの一元化や可視化を一気に進めることができる。部署ごとに属人的に管理されてきた大量のスキルデータも1つのシステム内に体系的に統合し、複数のデータや記録と連動させることができ、ヒューマンエラーや漏れなども防げる。また、リアルタイムでの進捗管理や、遅延や有効期限を知らせてくれるアラート通知などもエクセルでは難しかったところだ。

従来型の部門や部署ごとのエクセルでの管理では不可能だったデータ活用も、ＩＴによって実現可能になった。一元化されたスキルデータを用いれば、必要な切り口で全社や部署ごとのスキルの状況をグラフ化して瞬時に分析し、示唆を得ることができる。そして教育訓練や人材配置の計画・実行など、具体的な一歩目の行動につなげていくことも可能になる。結果として、形骸化しない、生きたスキルマネジメントが実現する。

このように、スキルマネジメントに過剰な工数をかけることなく、人材に関するさまざまな用途や複雑化したニーズに応えられる環境が整備されてきた。私自身が弊社の前身である会社で製造業のスキルマネジメントの支援を始めた２０１０年ごろに比べると、ＩＴをうまく活用することでスキルマップの運用を効率的に行い、「攻め」に活用できている成功事例はかなり増えている。すでに機は熟した。皆さんの組織も成功例に続いてほしい。

事業部門にローカライズした人材マネジメントが必要

人事部門の代弁をするならば、これまで人事が何もしてこなかったわけではない。事業部門を含む全社の人材のデータを可視化し、人事施策を通じて支援しようとしてきた経緯があることは、さまざまな会社から耳にしている。ただし、忌憚なくいえば、データ可視化の細かさは人事部門にとっては十分な粒度であっても、事業部門で活用するには粗いと言わざるをえない。

ある大手産業機器メーカーの企画系管理職は次のように発言していた。

「人事部が人材のスキルを可視化する方針を打ち出しているが、事業部門の実運用に耐える内容ではなく、内部からの批判も多い」

また、大手自動車関連メーカーの役員はこう話す。

「人事部が主導してタレントマネジメントシステムを導入したが、現場にとってのあるべき姿や意義が語られないまま推し進められているため、なかなか浸透しない」

また、別の会社の役員は次のように語る。

「事業部門で必要なスキルを人事部主導で整理しようとしたものの、職種の単位までが限界であり、それ以上の詳細な整理は事業部門に任せた経緯がある」

こんなコメントも紹介したい。大手重工メーカーの人事系管理職の発言だ。

「人材マネジメントは事業部門が主導している。異動の内容や専門的な教育などの意思決定・実行は事業部門に任せていて、人事は異動の発令など事務手続きを中心に、サポートに徹している」

人事部門が推進する人材マネジメントが事業部門にそのまま通用するかといえば、現実的には難しい。事業部門には事業部門のやり方があっていい。とくに製造業の事業部門では領域ごとの専門性が高く、求められる粒度が異なるのだから、事業部門ならではの方法を模索していくべきなのだ。

第1章で紹介した「人材版伊藤レポート」は、2022年に後継に当たる「人材版伊藤レポート2・0」が発表されている。その中でも、事業部門における人材確保についてこう提言されている。

「事業環境の変化が激しい分野では、各事業で必要となる人材の質と量を、現場から離れた本社の人事部門が判断するのは現実的ではないため、事業部門が人材ポートフォリオの策定や人材の確保を主導する体制とする」（経済産業省「人的資本経営の実現に向けた検討会　報告書　～人材版伊藤レポート2・0～」）。

弊社としても、事業部門の人材マネジメントは事業部門にローカライズし、事業部門が主体的に運用していく仕組みを提唱している。もちろん本社人事部門で展開している取り組みとの連携が必要であることは言うまでもない。

業績の評価や報酬のあり方については、全社的に統一すべきと考えられることも多く、人事部門が主導する形が自然だろう。採用から育成についても人事部門が新卒を中心とした採用を行う。配置についても経営幹部候補に関しては人事部門がケアを行い、育成は全社共通的な教育や座学に主眼を置いて進める。対して事業部門は、事業戦略や生産計画に基づく要員計画、専門人材の採用、配置や異動ローテーション、専門領域における人材育成や教育訓練に注力する。

人事部門と事業部門とのつながりは、濃くはない場合が多い。だからこそ、人材マネジメントも事業部門に任せたほうがいいのではないかという論調が高まっているわけだ。開発や生産の現場業務でスキルデータを活用すれば、事業成果が生まれ、事業目標の達成につながっていく。事業部門はスキルデータを、人材マネジメント、それを通じた生産マネジメントなどに積極的に活用していくことができる。スキルマネジメントの具体的な実践方法や方法論については第3章から詳細に解説していく。

タレントマネジメントシステムと事業部門の業務システムをつなぐ

この章の最後に、スキルマネジメントが作るITシステムの生態系について述べたい（図表2−10）。

多くの企業の本社・人事部門は今、人材や学習、キャリア、採用、要員計画、後継者などを管理するタレントマネジメントシステムを導入している。そこには、人材の基本属性を管理す

図表2-10 ITシステムの生態系

タレントマネジメントシステムと、事業部門の業務システムがスキルデータでつながることで、各部門で齟齬のない判断が可能。

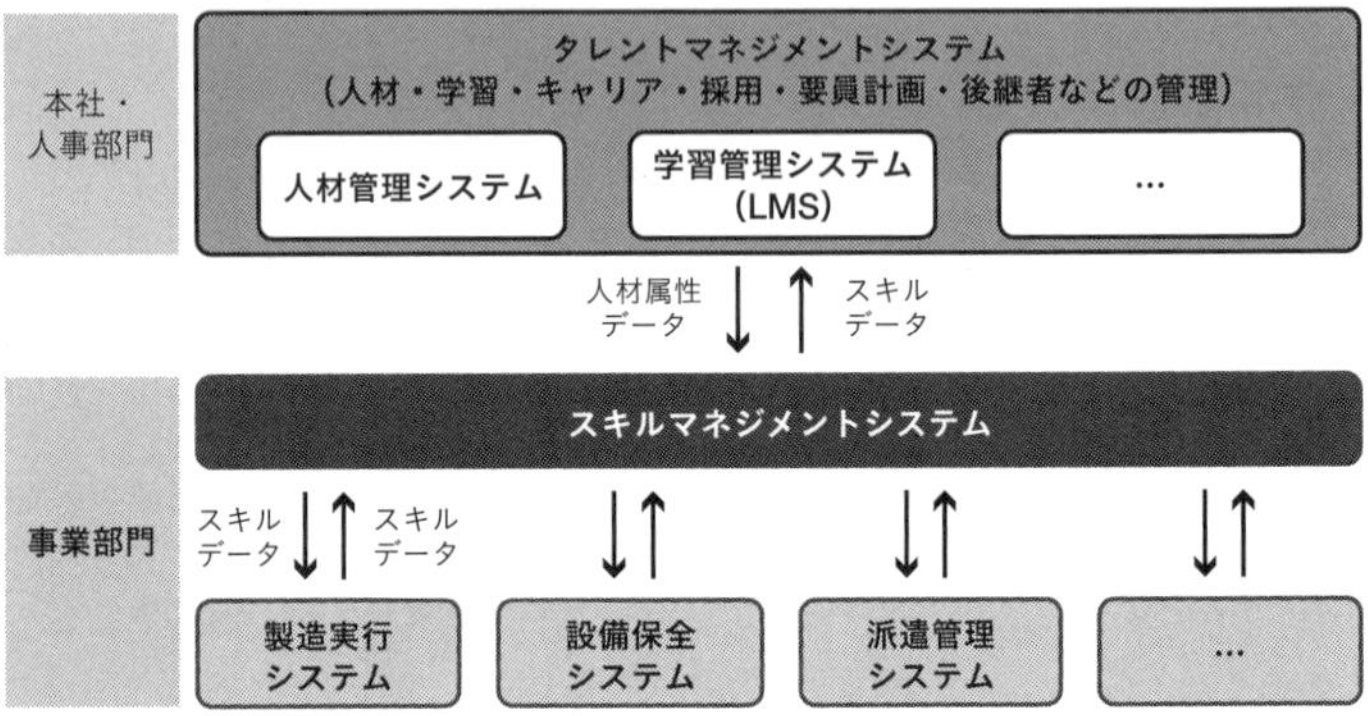

るシステムやLMSと呼ばれる学習管理システムも含まれる。一方、事業部門は事業部門で、製造実行システムや設備保全システム、派遣管理システムといった個別のシステムを運用している。

問題はそれらがほとんどつながっていないことだ。本社・人事は現場の状況が見えない状況にある。

この両者の間にスキルマネジメントシステムを介在させることで、事業部門としては本社・人事ですでに管理している人材属性データを二重入力することなく、業務をまたいでスキルデータを効率的に蓄積・活用することができる。また、事業部門の業務遂行状況に応じて、本社・人事部門はいつでも最新のスキルデータを確認できる。例えば本社・人事部門が後継者を検討するときに役立つ判断材料になるはずだ。といっても細かいスキルを連携する必要はない。職種レベルのスキルの平均値や集約したものを連携するだけでいい。それで本社・人事部門が取れる施策の幅や奥行きが変わっていく。

重要なのは本社・人事部門が持っているデータと事業部門が持つデータとの関係性を構築することだ。現場と乖離しないデータを本社・人事部門が持つことで、経営も事業部門も現場と齟齬のない形で意思決定ができる。これが弊社が描くスキルマネジメントの織り成す生態系である。

MEIDEN
Quality connecting the next

株式会社明電舎
沼津事業所 装置工場
システム装置ユニット

スキル履歴に基づく人財配置と育成を目指しデータの継続活用と蓄積を進める

記憶頼みの人財配置を変えたい

公共事業などインフラ事業を数多く手がけている重電機器大手メーカー、明電舎。その主力工場であり、水処理設備・変電設備など配電盤製作の生産拠点が置かれている沼津事業所の装置工場システム装置ユニットでは、2023年1月から在籍者約350名を対象にスキルマネジメントシステムを導入している。狙いは従業員のスキル情報や業務履歴、資格情報などを一元管理し、部署間の応援要請や人財配置に適切に対応し、本人のキャリアプランも踏まえながら育成計画の立案につなげていくことだ。

「これまでのスキル管理は、現場のニーズには必ずしも合っているとはいい切れず、例えば、

沼津事業所内の、企業や技術の説明パネル、製品サンプルなどの展示スペースにて

電気設計部、構造設計部、品質保証部など部ごとに独自にエクセルベースでスキル管理を行っていたので、異動すると記録が途切れていました。どんな仕事を担当し、どのような現場を経験してきたのか、スキルはどれほどあるのかが見えにくい。評価の仕方も部署によって異なり、ある部署では5段階評価の5のレベルなのに別の部署では3の評価だったということもありました」（システム装置ユニット長 細川亨氏）。

電気設備用の配電盤や制御盤などの開発から設計、製作、試運転調整までを一貫して行っている同ユニットでは、部によって仕事のピークが異なり、上半期には設計部の、下期には品質保証部の作業量が膨れ上がる。こうした繁忙時の応援要請への対応には課題があった。上半期には品質保証部から設計部に、下半期は設計部から品質保証部に従業員を応援に出すが、その往来がデータとして残されていないので、応援先で何を経験し、どんなスキルを身につけたのかが把握しにくかったのだ。CADを使ったことがあるといっても、現実にはどれぐらい使えるのか、新しいバージョンには対応できるのか。応援人財のスキルの詳細は現場に来て初めてわかる状況だった。

システム装置ユニット長
細川亨氏

案件への配置も明確な根拠に基づいていたわけではない。「その領域での案件の経験がある人」イコール「スキルがある人」と見なされ、従業員のスケジュールをにらみながら過去の記憶に頼って人財を配置していたため、「やったことがある」領域の経験値は上がるものの、未経験の領域でのスキルや経験獲得はままならない。

「スキルマネジメントシステムによってこの状況を変えたいと考えました。ユニットの中で部署にかかわらずスキルを共通化して、レベルの判断も同じにする。レベルを上げるための教育とリンクさせ、スキル、業務履歴を共有する。目指すところは、記憶頼みではなく明確な記録を依拠した人財の配置です」

本来の人財育成に充てる時間を増やす

スキルマネジメントシステムの導入に当たっては、社内的にスキルマップを共有化し、標準フォーマットを作ることが人財課題の解決に役立つと上層部を説得した。

「各部長に率先して動いてもらえるように働きかけました。ただ『導入した』で終わっては意味がない。継続的にデータを活用してくださいとずっと言い続けています」と話すのは装置技術部長の野中明広氏だ。

装置技術部長
野中明広氏

現場で実際にスキル評価や応援対応に携わる課長には「従来の手間が大幅に省ける」メリットをアピール。いわばスキルマネジメントの御利益を説く「布教」（細川氏）を野中氏を中心に続け、活用はスムーズに進んでいるという。

「従来のエクセルでの管理はデータが非常に重く、立ち上げにも更新にも時間がかかりました。現在のシステムは『さくさく動く』と好評です。課長が労務管理にかけていた手間を軽減することで生まれる時間的な余裕を、本来の役割である若手の教育や技術伝承といった人財育成に充てられる仕組みをつくりたいと考えています」(細川氏)。

スキルマネジメントシステムには、明確なキャリアプランを持っている若い世代の期待に応える役割もある。「クラウド上の自身のスキルデータに、個人のPCからでもアクセスできるようになったのも大きいですね。従来は印刷したファイルをわざわざ見に行く必要があり、関心を持ちにくかったと思います」(細川氏)。働きがいやモチベーションを上げるために各自のキャリアプランを組織の計画にいかに整合させていくかは次の課題だ。

「明電舎として人財をどう考えるのか。将来的には全社で同じ認識を持てるようにできればとは思いますが、今はデータをためて何とか整理した段階です。まずは装置工場で過去のスキルデータを活用し、しっかりとした成果を出していきたいですね」(野中氏)。

第3章

人材マネジメントにおける スキルデータの活用方法

スキルマネジメントの主要な実践場面

第1章、第2章で述べてきたように、製造業における人材マネジメントの重要性は増しており、ここにスキルデータを活用していく方法論がスキルマネジメントである。本章では、人材マネジメントの主要場面におけるスキルマネジメントの実践的取り組み、および続く第4章では、現場業務に沿って異なる切り口でスキルデータを応用する取り組みを紹介する。ただし、あくまで雛型もしくは事例である。状況に応じて各社、各組織に応じた実践方法を追求してほしい。

主な実践場面は次のとおりだ。

●人材マネジメントにおけるスキルデータの活用方法（本章）

1. **要員計画：**
   ものづくり人材ポートフォリオ構築
2. **育成・キャリア開発：**
   スキル習得の方向性と手法

（1）多能化（2）専門化（3）基礎力向上（4）組織の技術・技能伝承（5）個人の目標設定・学習

3. **配置**

（1）プロジェクト配置（2）異動ローテーション

●現場業務におけるスキルデータの応用方法（第4章）

1. **品質維持・強化**

（1）作業スキル担保（2）ＱＭＳ力量管理の効率化・徹底

2. **生産性向上**

（1）予知保全（2）作業応援

3. **安全確保**：

安全衛生教育

4. **技術革新**：

技術コラボレーション創出

以下、人材マネジメントの実践場面を順を追って詳細に解説していく。

1

要員計画：ものづくり人材ポートフォリオ構築

現状と理想とのギャップを把握する

人事が打ち出す施策の大きな目的の1つは、必要な人材を必要な数だけそろえることにある。この文脈で昨今話題となっている人材ポートフォリオとは、人材の質（例：職位や職種）と量を定義したもので、現状とあるべき姿のギャップから人事施策を立案することに用いる。

経済産業省の「人的資本経営の実現に向けた検討」を見ると、人材ポートフォリオで明らかになるギャップの事例がわかりやすく示されている（図表3−1）。CEOやCHRO（最高人事責任者）は中期的な経営戦略の実現に向け、各事業が中期的に必要とする人材の質と量を整理し、現状とのギャップを明確にしたうえで人事施策を立案するのが理想的な姿だ。この事例では、部長・課長・一般という職位と、IT・事業開発・オペレーションという職務でマトリックス化し、あるべき姿と現状とを比較している（図の左）。ここではオペレーションを担

図表3-1 人材ポートフォリオで、現状とあるべき姿のギャップを明らかにする

CEO・CHROは、中期的な経営戦略の実現に向け、各事業が中期的に必要とする人材の質と量を整理し、現状とのギャップを明確にしたうえで、人事施策を立案する。

人材ポートフォリオのギャップ分析のイメージ

〈人材ポートフォリオのAs-IsとTo-Be〉

あるべき

	IT	事業開発	オペレーション
部長レベル	3	3	5
課長レベル	15	10	80
一般	80	30	300

現状

	IT	事業開発	オペレーション
部長レベル	1	1	10
課長レベル	5	3	100
一般	30	20	400

〈ギャップ分析（あるべきー現状）〉

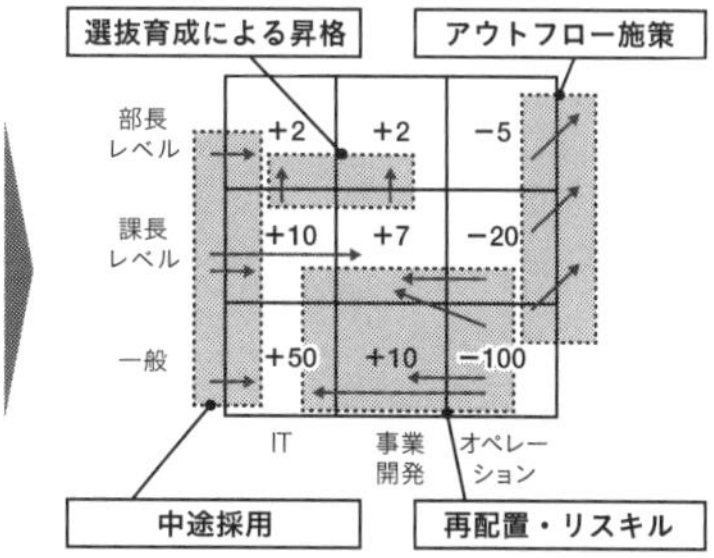

出所：白井正人『経営者が知っておくべき ジョブ型雇用のすべて』を基に経済産業省が作成。
経済産業省「人的資本経営の実現に向けた検討」(2022年3月／内閣官房新しい資本主義実現本部「非財務情報可視化研究会（第3回）」配布資料)

当している一般従業員や課長の数が多く、人件費などのコストが重すぎる。

理想としてはITの一般従業員の数を増やしたいが、確保できているのはその半分以下。事業開発に携わる課長レベルや部長レベルの人材もあるべき姿よりも少ない。あるべき姿に近づけていくためには、例えばオペレーション担当の一般従業員をリスキリングして再配置する、あるいは、不足しているITの一般従業員は中途採用をして厚みを出すという方法が考えられる。事業開発を担当する課長や部長を増やすには選抜育成による昇格が有効だ。また、オペ

レーション担当の部長数は現在の半分が好ましいことからアウトフロー施策も選択肢に入る。現状と理想とのギャップが明らかになればこのようにさまざまなオプションを検討できるのだ。

技術者や技能者とその他の従業員とでは求められるスキル粒度が異なる

製造業において理想と現実との間にギャップが生じる要因として、技術者や技能者といったものづくり人材と、その他の従業員とでは求められるスキルの粒度が異なることが挙げられる。例えば工場に勤務する技能者の場合、組み立てる製品の型式ごとや、操作する加工装置の型番ごとに、取り扱いのスキルが数百項目まで細分化されることもある。こうした人材に適切な人事施策を行う前提となる人材ポートフォリオ（ものづくり人材ポートフォリオ）もまた、経営や人事が複数の事業部門や間接部門を横串で比較する際に用いる人材ポートフォリオ（全社人材ポートフォリオ）よりも細かい粒度での運用が必要となってくる。

弊社の顧客企業のＤＸ推進部では、「デジタル人材の創出を社外に公約しているが、どのようなプロセスで創出するのかは不透明で、現場で進めているデジタル教育などと紐づけること

図表 3-2　粒度の細かいものづくり人材ポートフォリオ「荏原グループ技術元素表」

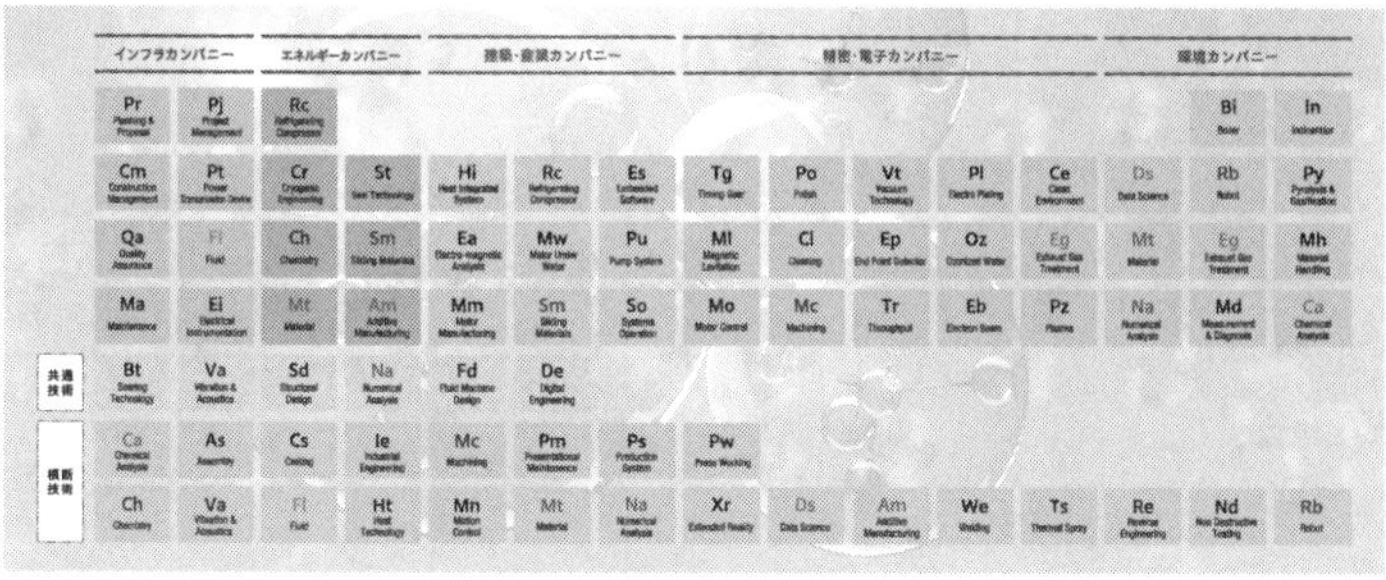

出所：荏原製作所「荏原グループ　統合報告書 2023」

を構想している」と話していた。また、別の顧客企業の企画部は、「事業戦略に基づいて人材ポートフォリオやその充足のための人材育成を事業部門で考えていく方針だ」と今後の方針について述べていた。職務を細かな粒度に落とし、適切なものづくり人材のポートフォリオを構築するためには事業部門の協力や主導が欠かせない。

細かな粒度で技術者・技能者の人材ポートフォリオを作成している好例が荏原製作所の技術人材マップだ（図表3-2）。同社では技術・人材を総括したデータのアップデートと格付けにより「技術人材マップ」を策定し、その中から「技術元素表」を可視化している。元素になぞらえた人材ポートフォリオは粒度が細かく、先進的かつわかりやすい。

2023年にはグループの事業をインフラカンパニー、エネルギーカンパニー、建築・産業カンパニー、精密・電子カンパニー、環境カンパニーの5つに分け、カンパニーの競争力の源泉であるコア技術や複数のカンパニーの共通技術、全社の横断技術から構成される荏原グループ技術元素表に更新。ウェブサイトでは各技術の元素アイコンをクリックすると、技術概要やその技術を応用した製品を見ることができる。

例えば、インフラカンパニーにおける「Ｐｔ」はプラチナではなく「Power Transmission Device（動力伝達装置）」を指す。インフラ、エネルギー、建築・産業の3カンパニーの共通技術にある「Ｎａ」はナトリウムではなく、「Numerical Analysis（数値解析）」だ。5つのカンパニーすべてを横断する技術の1つに「Ｍｎ」があるが、これはマンガンではなく「Motion Control（モーション制御）」のこと。粒度を細かくして専門性で区切り、人材に対してタグ付けを行っている。一般的に言及される人材ポートフォリオとは異なる視点で、具体的な技術に基づいて定義されていることがおわかりいただけるだろう。「人材版伊藤レポート２・０」でも先進的な実践事例として紹介されているゆえんである。

必要な人材の要件を定義したうえで経営層や人事部門へ協力要請する

ものづくり人材ポートフォリオの構築に向けての課題を整理しよう。

①事業部門で将来的に不足する人材の特定
②経営層や人事部門に対する協力要請のコミュニケーション

①では、スキルを基に人材の質を抽象化・段階化して定義する。ここでは、将来的にどこがどう足りないのか、なぜ現状では駄目なのかを特定していくことが大切だ。スキルデータの更新と連動して人材の量を算出し、現在の人材の分布を可視化すれば、将来のありたい姿と比較することで、重点的に対策を行うべき人材を根拠を持って特定できる。どの職種にどれだけの人材がいるのかが可視化され、現実と理想とのギャップの詳細をつかめるようになるはずだ。ギャップを見れば、力を入れて対策を行ったほうがいい領域や補充すべき人材も明らかになる。

②についても積極的に行う。どの事業部門も「人を回してくれ」「応援体制を敷いてくれ」という要望を寄せる中では、経営も人事部門もどこに優先度を高めて支援をしていけばいいのか、データが足りず判断がしづらい。全社の人材ポートフォリオに対するインパクトを定量的に説明することで、経営層や人事部からの協力体制も得やすくなる。経営層や人事部門と事業部門とのコミュニケーションを円滑に進める材料としてスキルデータを活用したい。

事業部門に必要な人材の全体像をキャリアパスごとに可視化し、共通認識を形成する

ものづくり人材ポートフォリオの構築を目的としてスキルデータを活用する場合は、スキルに基づいて事業部門のキャリアパスを設計することが有用だ。事業戦略の実現に向けて、事業部門で確保しておくべき個々の人材の要件をキャリアパスという形で棚卸しし、スキルと紐づける。こうしておくことで、スキルデータを蓄積するとともに、現在の人材の分布が明らかになっていく。

次いで、キャリア認定数の集計と全社人材ポートフォリオへの連携を行い、経営層・人事部門に対して意思疎通を試みる。次の図表3‐3で例を示した。縦軸は組織を、横軸は職種を表し、職種はさらに細かく分類している。例えば、生産技術という職種は「機械加工」や「設備設計・保全」などに分類し、それぞれを役割が高度化する順にレベル1〜4で分けることで、キャリアパスとしている。それぞれのレベルに対しては、必要なスキルを認定条件として紐づけていく。詳細は（5）個人の目標設定・学習の項（142ページ）で解説する。

そのうえで、事業部門の中でキャリアパスごとの人数分布を可視化し、全社で合意している

図表3-3 キャリア認定数を集計し全社人材ポートフォリオと連携

事業部門視点（ものづくり人材ポートフォリオ）

	生産技術（機械加工）				生産技術（設備設計・保全）				生産技術（溶接）				設計開発（機械技術）				設計開発（制御技術）				設計開発（電子・デバイス技術）			
	L1	L2	L3	L4	L1	L2	L3	L4	L1	L2	L3	L4	L1	L2	L3	L4	L1	L2	L3	L4	L1	L2	L3	L4
生産技術部	2	2	7	2	2	3	6	3	1	4	5	2	0	0	0	0	0	1	0	0	0	0	0	0
設計開発部	0	0	0	0	0	0	0	0	0	1	1	1	1	2	7	3	3	5	10	3	6	0	0	0
製造第一G	0	0	0	0	0	0	0	0	0	0	0	0	0	0	0	0	0	0	0	0	0	1	0	0
製造第二G	0	0	0	0	0	0	0	0	0	0	0	0	0	0	1	1	0	0	0	0	0	0	0	0
レベル別合計	2	2	7	2	2	3	6	3	1	5	6	3	1	2	8	4	3	6	10	3	6	1	**0**	**0**
職務別合計	13				14				15				15				22				**7** 特定職務で不足			

経営層・人事部門視点（全社人材ポートフォリオ）

	生産技術	設計開発
職種別合計	42	44（一見して充足できている）
職種別目標数	**40**	**40**

目標と比較する。

レベル別と職務別に合計人数を出し、さらに職種別に合算していくと「生産技術」の職種は合計42人となり、目標数である40人を超えていることがわかったとしよう。「設計開発」の職種も目標が40人なのに対して現状は44人。4人多い現状が把握できた。こうした形で現在の人材の合計数値と目標数とのギャップを確認していく。

今回の例では、「生産技術」「設計開発」も数字のうえでは充足しているように見える。しかし、事業部門の視点で細部を確認すると、「設計開発」の中の「電子・デバイス技術」のレベル3とレベル4を満たす人材はゼロ。ハイレベルの人材がまったく育っていない。経営層や人事部門から見れば、表面的には問題はないように思えるものの、事業部門からすれば困った状

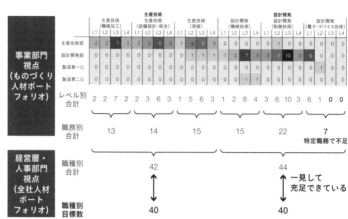

態だ。

このように、経営層や人事部門と事業部門とで見ている世界が違うままだと、交渉は進まないだろう。「人事は現場のことをわかっていない」という不満が生まれてしまう。人事部門は何とかしたいと思っていても、具体的にどこがボトルネックなのかわからなければ対応が難しい。製造業における人事部門と現場の、人材に関する認識ギャップは大きく、完全に解決することは容易ではない。だが、スキルデータを活用することで不満をできるだけ抑え、ギャップを埋めていくことができる。事業部門のキャリアパスごとの人数分布をデータで共有することで、人材が育っていない状況を、根拠を持って人事に示せる。「採用を強化してほしい」「ほかの事業部門からの異動を支援してほしい」といったコミュニケーションをとれるようになる。キャリアパスが共通言語として機能し、協力要請のコミュニケーションを円滑に運ぶ。

経営層や人事部門が常日頃から事業部門の細かなスキルに目を光らせておく必要はない。必要なのは、現場から切実な要望が届いたときに全社人材ポートフォリオとの関係性を踏まえて的確な判断を下せるよう、事業部門のものづくり人材ポートフォリオとの連動性を確保しておくことだ。

2

育成・キャリア開発：スキル習得の方向性と手法

ものづくり人材ポートフォリオの充足に向けて、育成・キャリア開発の場面でスキルマネジメントを実践する際、スキル習得の方向性は3つ、手法は2つある（図表3－4）。

●**スキル習得の方向性**

（1）多能化

（2）専門化

（3）基礎力向上

●**スキル習得の手法**

（4）組織の技術・技能伝承

（5）個人の目標設定・学習

図表3-4 スキル習得の方向性と手法

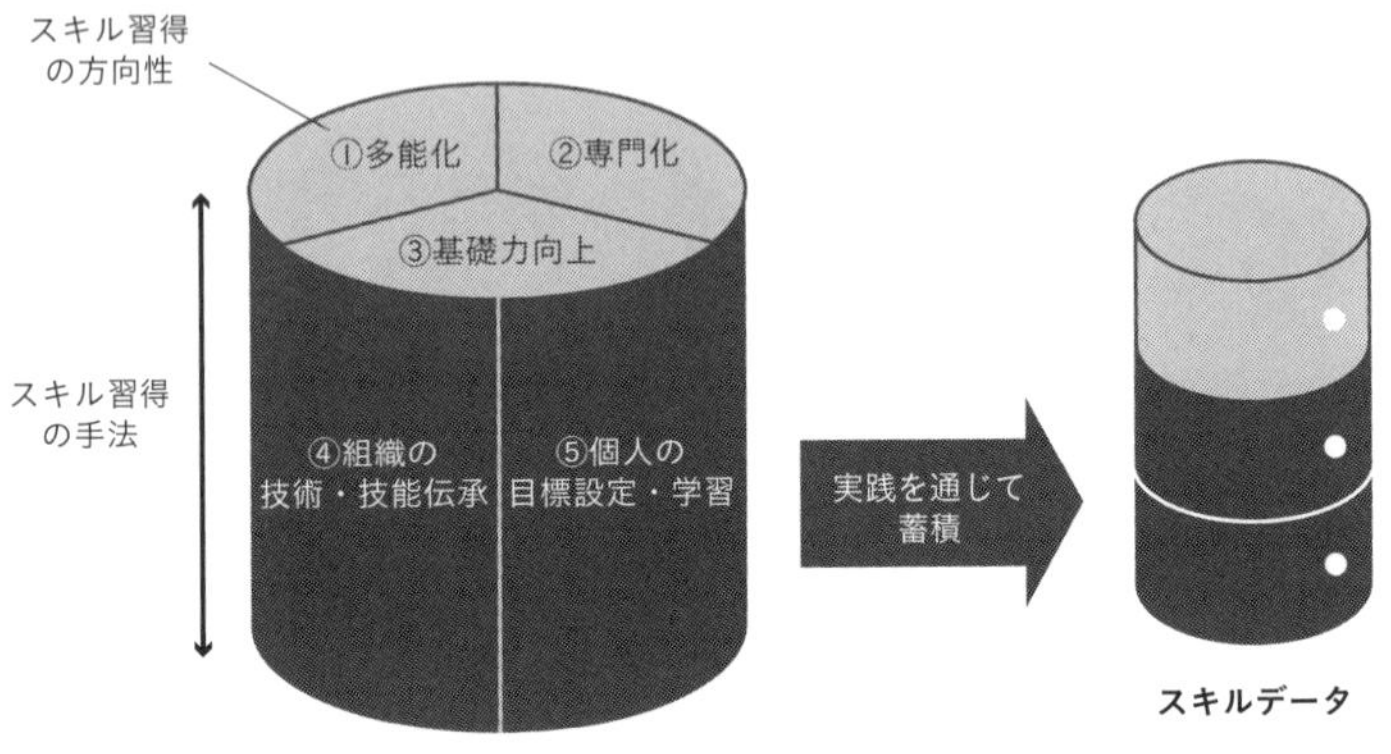

スキル習得の方向性は1つではない。（1）の多能化を目的とする場面もあれば、（2）の専門化もある。ひたすら自分の専門領域を突き詰めてより深いスキルを備えていく（2）の専門化は、（1）の多能化と並列する概念だ。ただし、（1）の多能化と（2）の専門化には共通の土台もある。それが（3）の基礎力だ。発展的な技術や技能を習得していくうえで必要となるベースの力だと考えてほしい。例えば、製品を加工する技能者であっても、製品を設計する技術者であっても、設計図の寸法・公差や加工記号は読めなければならない。これらは誰もが持っていなければならない共通のスキルだ。

スキルを得る手法は、組織から個人に対して技術や技能を含むスキルを教え込んでいく（4）の「伝承」のほかに、個人が目標を設定して学習する（5）の手法もある。（4）の

「組織の技術・技能伝承」とはベテランが若手を実践的に教育するOJTの場面のみならず、集合研修などを通じてさまざまな人材に技能や技術の習得を促す手法だ。（5）の「個人の目標設定・学習」では、個人の視点に立ち、自律的に技術・技能習得の目標を立て、社内での学習や社外講習の受講などを組み合わせながらキャリアを形成していく。個人の自主的な取り組みを組織が見守る構図である。（1）～（5）の組み合わせによって、実践を通じてスキルを蓄積し、スキルデータに反映させて従業員の育成・キャリア開発を図っていきたい。

1 多能化

多能化は人材不足にあえぐ製造業の共通課題

多能化とは、一人の従業員が現在担当している工程とは別の工程をこなせる技能や、自分が持っている専門的な技術にプラスアルファで、ほかの技能や技術を身につけることを指す。技術者や技能者の多能化は人材不足にあえぐ製造業の重要な課題だ。少し古いデータになるが、中小企業庁の「中小企業白書２０１８年版」が参考になる。業種別にまとめた従業員の多能化・兼任化の取り組み状況について、「取り組んでおり、3年前に比べて積極化している」と答えた企業は製造業に非常に多く、その比率は42・5％に及んでいる。サービス業の26・5％と比べても高率だ。

中小企業だから多能化に熱心なのだろうか。弊社が顧客企業にヒアリングした結果、大企業も多能化には前向きだった。傘下にグループ企業を多数展開し、数万人規模の従業員を抱えている大手製造業も同様の課題を抱えている。ある大手企業の企画部からは次のような声を聞くことができた。

「将来的な事業ポートフォリオの変革が見込まれる中、前もってさまざまな製品の生産に対応できるように今こそ多能化を進め、流動性を高めておくことが重要だ」

また、ある会社の製造部からはこんな声も寄せられた。

「製品の需要変動を受けて生産ラインの日々のシフト調整を行う必要がある中、複数ラインを担当できる多能工の確保が必要不可欠だ」

人手不足が続く中、製造業は限られた人員でより多くの作業をこなし、生産性を高めていかなければ競合に勝てない。グローバルな市場であればなおさらだ。早急な課題解決が必要である。

現場がメリットを感じられる多能化の計画が必要

前出の「中小企業白書2018年版」にはほかにも多能化を進めていくうえで参考になる調査結果がまとめられていた。多能化・兼任化と併せて行った取り組みについて、最も多かった回答は「業務マニュアルの作成・整備」だったが、次に多かった回答は「従業員のスキルの見える化」だ。マニュアルの作成が多能化・兼任化を行ううえで不可欠であることは論をまたないが、2位に「従業員のスキルの見える化」が挙がっている点は興味深い。

同白書では従業員の多能化・兼任化によって得られた効果についても尋ねている。最も多かったのが「従業員の能力向上」を挙げる声だ。これに「全体の業務平準化による、従業員の負担の軽減」「繁忙期・繁忙部署における業務処理能力向上」が続く。

従業員のAさんが製品Xと製品Yの両方を作ることができれば、製品Yの需要が高いときに生産ラインに駆けつけられる。製品Xの需要が戻ってきたら元のラインに戻ればいい。従業員が複数のスキルを身につければ従業員自身の能力が上がり、繁忙期と閑散期のばらつきが平準化され、組織の業務処理能力が向上する。限られたリソースを有効に活用する多能化は人手不足解消の有効策だ。

ただし、多能化を進める際には新たな工数を捻出し、推進する人材を確保しなければならない。再び「中小企業白書2018年版」を見てみたい。従業員の多能化・兼任化を進めるうえでいちばん多かった課題は「時間的余裕がない」(42・1%)。次いで「主導できる人材が社内にいない」(28・9%)、「業務負担増加を懸念する従業員からの反発」(19・9%)が挙がっている。これらの声をざっくりとまとめると、多能化を進めるのはいいが、いったい誰がやるのか、多能化に適した従業員をどのように選んで教育するのか、多能化によって工数が増えるため、かえって時間がなくなるのではないか、という懸念が現場には強くあるということだ。

実際、多能化に対する現場の従業員の反発は強い。特定のラインから離れることなく、現場一筋で職長から係長、課長への昇進を目標とする従業員は、できるだけ自身のライン業務の専門性を高めたい。にもかかわらず、あえてほかのラインの業務に従事することへのモチベーションが湧きにくいとの声も聞く。

多能化を進めるうえでは、組織に負担がかかることは避けられない。しかし、個々のスキルに着目し、スキルデータを活用することができれば、多能化の計画運用工数が減り、組織ごとの主体的な計画策定や実行が可能になる。効果の高い育成計画を立てることができるはずだ。また、多能化の対象スキルごとに適した習得予定者と指導者を選定し、幅広い業務に対するスキルを向上させることで、多能化の効果を高め、将来的に何を作るにしても安定的な事業運営の基盤を構築できる。

スキルマップを作成し不足スキルを習得させる計画を立案・実施

多能化を進める際には以下の要素を整備していく。

多能化の整備①：スキルマップによる人材充足状況の把握

スキルデータを蓄積し、スキルマップを整備したうえでスキル保有者を集計し、不足スキルを特定する。従業員がどのようなスキルをどのようなレベルで保有しているのかを一目でつかめるマップとすることが重要だ。

「加工」という工程であれば、例えば「素材切断」「荒加工」「追加工」「外面研削」「平削り」「特殊品加工」「砥石交換」といった形で細かく分ける。一人でこなせるレベル3以上の保有者が本来はどれぐらい必要で、現在の保有者は誰なのか。保有者数と必要人数との差から補充すべき人数を割り出す一方、保有者の中から指導者を選択する。

仮にスキルマップから「特殊品加工」のレベル3以上のスキル保有者が12人いることが明らかになったとしよう。ここで肝心なのはその12人という数字が十分なのか不足しているのかを見極めることだ。

必要な人数が15人なのに保有者が12人しかいないのであれば、現状3人不足している。現場では何とかしのいでいるのかもしれないが、この先、工程がうまく回らなくなる可能性がある。足りない3人分を埋めていくには当該業務を外部委託するか、または人材を外から採用するか、育成するしかない。しかし、人手不足の昨今、外部からの人材調達はすぐに実現できるとは限らない。将来的な業務負荷の変動を見極めながら、社内で育成しておくことも必要だ。

多能化の整備②：不足スキルに対する育成計画の立案と実行

育成を図るにはまず適切な人材を見いだす。スキルマップから「特殊品加工」のスキルがレベル3未満の人、もしくはまだレベル1も習得していない人を洗い出して育成対象者を選定し、多能化を進めていく。

指導者をどこから持ってくるのかは頭が痛い問題だが、教える側は決して多能化している必要はない。また、未保有者を育成するといってもベテランにまで育てあげる必要はない。基本的には当該の工程を任せられる初級「指導を受けながらできる」レベルから、中級「一人でできる」レベルを目標とする。

目標を定めたら、スキルの育成計画を立案する。当該スキルの未保有者および高レベルでの保有者を、それぞれ育成対象者および指導者として指定していく。指導者によって指導の品質にばらつきが出ないよう、指導方法や効果測定の方法は統一しておくことが望ましい。また、複数の育成対象者に対する指導を別々のタイミングで行うことも多いため、各人の習熟状況をつぶさに記録しておくことも重要だ。

計画どおりに指導が完了したら、育成対象者のスキルが目標に達しているかを実技テストなどで評価していく。もっとも製造業の現場の作業は細かいため、すべてをテストするのは現実的ではない。まずは重要性が高いスキルについてのみテストを実施し、その他のスキルについては現場業務の中で見極めを行い、問題があれば再教育する。計画の締めくくりとして、指導の記録を確認し、目標のレベルに達している育成対象者にスキル（レベル）を付与し、スキルマップを更新することも忘れずに行う。

紙やエクセルで管理をしていると、この一連の流れがスムーズに運ばなくなる。同じ「特殊品加工」というスキルでありながら、ある部署では「特殊加工A」という名称で管理され、別の部署では「一般加工」というざっくりとした枠でくくられているかもしれない。書き間違いをしても気づきにくい。個々のスキルに関するデータの記録は、組織横断で一元化されたルールの下に行うことで、誰がそのスキルを持ち、誰が育成をしているのかを把握できるようにしておきたい。

図表3-5 目的に応じた多能化率のモニタリング

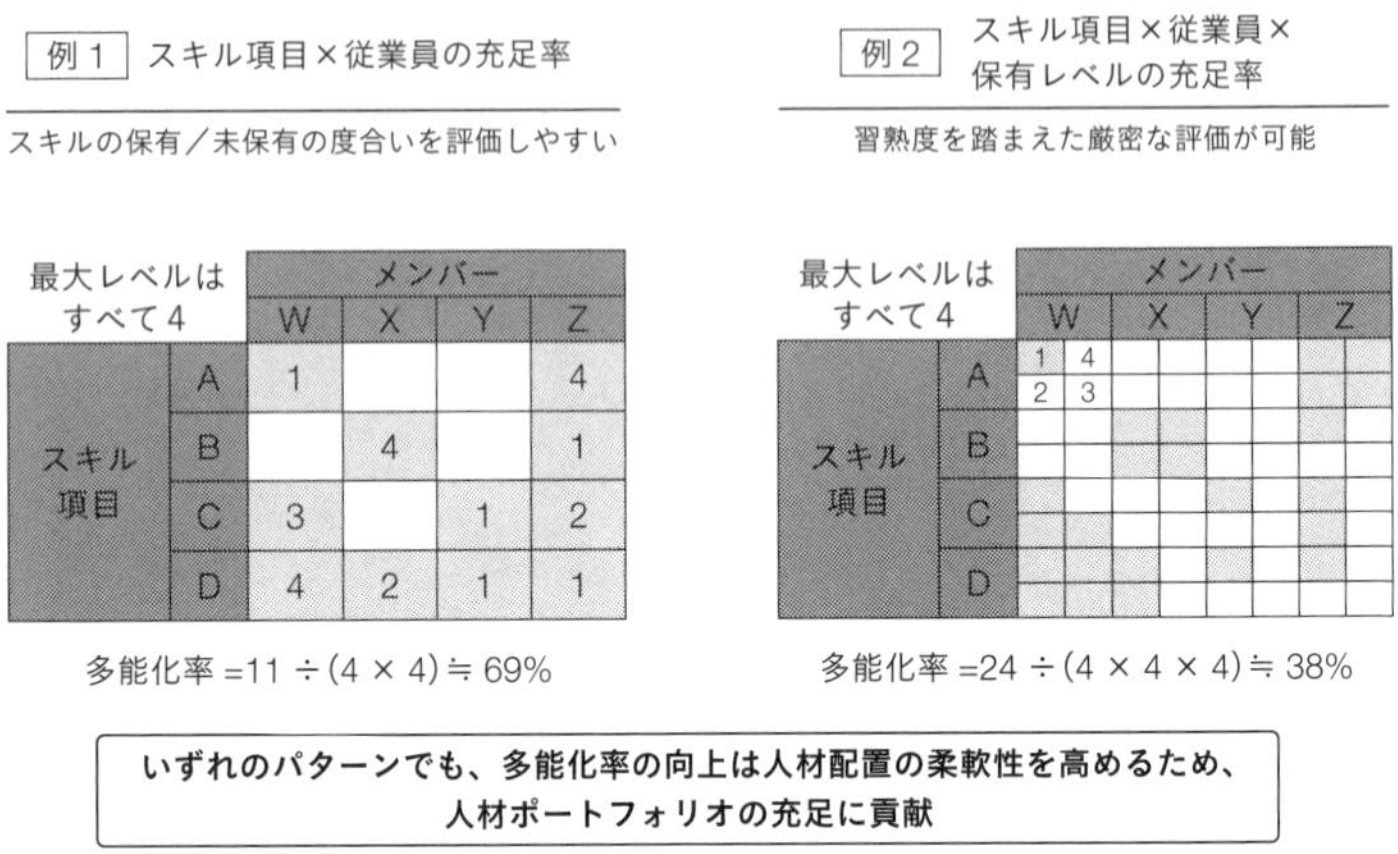

スキルの保有／未保有の度合いを評価しやすい

多能化率 =11 ÷(4 × 4)≒ 69%

最大レベルは すべて4	メンバー			
	W	X	Y	Z
スキル項目 A	1			4
スキル項目 B		4		1
スキル項目 C	3		1	2
スキル項目 D	4	2	1	1

最大レベルは すべて4	メンバー			
	W	X	Y	Z
スキル項目 A	1 4 / 2 3			
スキル項目 B				
スキル項目 C				
スキル項目 D				

いずれのパターンでも、多能化率の向上は人材配置の柔軟性を高めるため、人材ポートフォリオの充足に貢献

多能化の整備③：多能化率のモニタリング

計画を立案し実行したら、多能化がどの程度進捗しているのかを継続的に確認していく。多能化の評価指標として使われる多能化率（多能工化率）にはさまざまなパターンが想定されるため、目的に応じた定義づけが必要だ。

代表的な例を2つ取り上げたい。図表3−5の例1は、スキル項目と従業員をかけ合わせてスキルの充足率を把握するパターンだ。スキルの項目はA〜Dの4つに分けられ、従業員は4人いるのでマスの数は全部で16個だ。このうち色が塗られているマスは習熟度（レベル）を問わず「スキルを保有している」状態を示している。16マス中11マスが塗られているので、多能化率は11÷（4×4）で69％という結果になる。

詳しく多能化率を見たい場合には、例2のように1つのマス目を4分割し、レベル1であれば4つのうち1マスを、レベル4であれば4マスすべてを塗り潰すように考えると、より厳密な評価が可能になる。この図では、全部で64マスあるうち色が塗られたマスは24あるので、多能化率は24÷(4×4×4)≒38%と算出できる。色が塗られている箇所が多ければ多いほど多能化率は高まり、従業員が担当できる業務の種類が増え、配置の柔軟性も増していく。企業や組織によって求められる習熟度や粒度が異なることを考慮し、現実に即したモニタリングを実施することが有効だ。

多能化の事例……スキル可視化で育成計画の運用サイクルを構築した設備メーカー製造部

以上のような流れで実際に多能化を進めていった大手設備メーカーの製造部の事例を紹介しよう。数百名規模でスキルマネジメントを行っている事例である。

工場内の作業者は、特定のラインに所属する作業者と複数ラインに対応する応援人員に分かれていた。ここでいう応援人員とはまさに多能工を意味している。

この会社の課題は主に2つだ。1つ目には需要変動や休暇の予定などによって生産ラインの作業者に不足が生じた場合に、応援人員を配置して対応してきたが、応援人員が足りず、各ラインのシフト調整が困難になる場合があった。繁閑差の吸収ができていない状況だ。２つ目の問題は、円滑なシフト調整を続けるためにはつねに一定の応援人員の育成が必要であるにもかかわらず、計画の作成がラインリーダーの勘頼みになっていた。多能化を図ってはいたが、統一された手順がないため効率的な育成がかなわず、数としては十分ではなかったといえる。

課題を解決するために同社は３つの施策を実施した。まずはスキルの粒度をライン別の工程の粒度に統一し、各ラインで不足しているスキルと応援人員のスキルを突き合わせて、ラインをまたいだスキルの可視化を推進。応援人員に対する教育を、不足しているスキルから優先的に行った。

次に実施したのが応援人員を増員する育成計画だ。ラインリーダーは各従業員の保有スキルデータを基に育成計画を作成し、育成対象者から育成方針についての合意を得る。合意に至ったら、ラインリーダーは熟練の指導者を育成計画に配置し、指導者は育成対象者とともに作業を実施する。３番目の施策として、ラインリーダーが育成が完了したことを確認後、すぐにスキルデータに反映させた。各ラインの作業者だけではなく応援人員のスキルもスキルマップ上で管理し、より実際に即したスキル保有者の充足状況を把握できる仕組みを整えている。この運用サイクルが完了したら、次に不足しているスキルに照準を合わせて同じように応援人員の教育を行っていく。

１つのサイクルがスタートして終了するまでの期間は１～２カ月。同社では徐々に応援人員が増え、育成計画の作成・実行のプロセスが効率的になり、より速くサイクルを回せるようになった。

ほかのラインの状況も簡単に把握できるため、育成方針についてほかのラインリーダーとノウハウを共有できるようになり、ラインを横断する形で人材を育成する土台が構築できた点も大きな収穫だ。

先日より今月、今月よりは来月と着実に効果を実感できれば運用サイクルは高速で回り出す。大切なのはラインをまたいでスキルを可視化し、必要なスキルから多能化を進めていくことである。

2 専門化

専門性の深掘りや拡張を図る製造業

技術者・技能者の専門性は事業部門のコアであり、製造業の存在意義といっても過言ではない。だからこそ多くの企業は自らの専門性を重視し、ブラッシュアップを重ねている。競争環境は激化し、これまで育ててきたコア技術やＱＣＤＳの総合力を継続的に向上できなければ、顧客を満足させることが難しい状況が続いている。しかも近年、技術トレンドは目まぐるしい勢いで変化している。ものづくりにおける新技術の普及スピードが加速しているうえ、ＤＸの進展も重なり、新たな専門性の育成が急務だ。高まる危機感を背景に製造業は専門性の深掘りや拡張を進めている。

経済産業省がまとめた「２０２０年版ものづくり白書」では製造業の事業部門の運営に必要な開発・生産・保全などにおける専門性へのニーズの高さが明らかになっている。

ものづくり人材を対象としたＯＦＦ－ＪＴに関して希望する研修内容を企業に尋ねたところ、1位に挙がったのは「加工など製造技術に関する専門的知識・技能を習得させるもの」だ。調査結果はデジタル技術活用企業および未活用企業で分類されているが、どちらも約5割の企業が希望すると回答している。また、「生産管理に関する専門的知識・技能を習得させるもの」と回答した企業は3割を超える。これに「機械の保全」や「設計」に関する専門的知識・技能を習得させる研修ニーズが続く（図表3－6）。弊社の顧客企業からは「これまでは生産ラインの担当者は工程作業のことだけをわかっていればよかったが、扱う装置がより高度なものになり、トラブルへの対応が難しくなっている。生産技術の知識も学ばせたいと思っている」といった声も挙がっている。製造業の現場に立つ従業員一人ひとりが、専門性を深めると同時に拡げることも求められている。

図表 3-6　専門性を高める研修のニーズは高い

民間や公的な教育訓練機関が実施する、ものづくり人材を対象としたOFF-JT に対して、企業が希望する研修内容

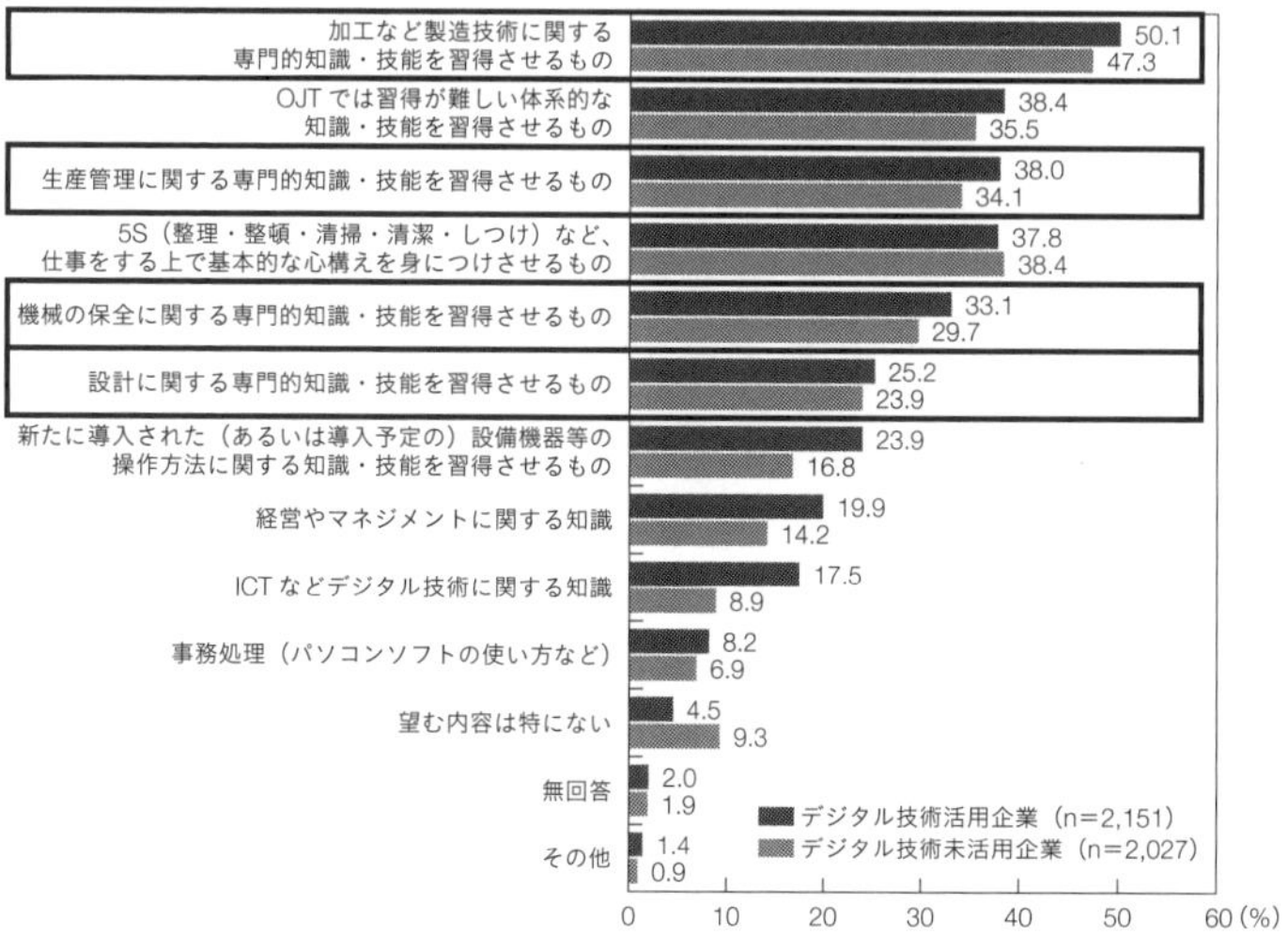

資料：労働政策研究・研修機構「デジタル技術の進展に対応したものづくり人材の確保・育成に関する調査結果」
出所：経済産業省「2020 年版ものづくり白書」

「2023年版ものづくり白書」には、DXに関する興味深い結果が掲載されている。「部門や事業所をまたぐデータ連携・利活用を行う上での課題」に対して、大企業の67％、中小企業の58％が「データ連携に必要なスキルを持つ人材の欠如」を挙げた。多くの企業がデータ連携が十分でないことを自覚し、データそのものの不足や不備、システム刷新のコストなどよりも、データ連携や活用の専門性が高い人材の確保を課題視している（図表3-7）。

開発・生産・保全などにおける専門性やデータ活用に関する

図表 3-7　DXの課題は、データそのものよりも「人材」

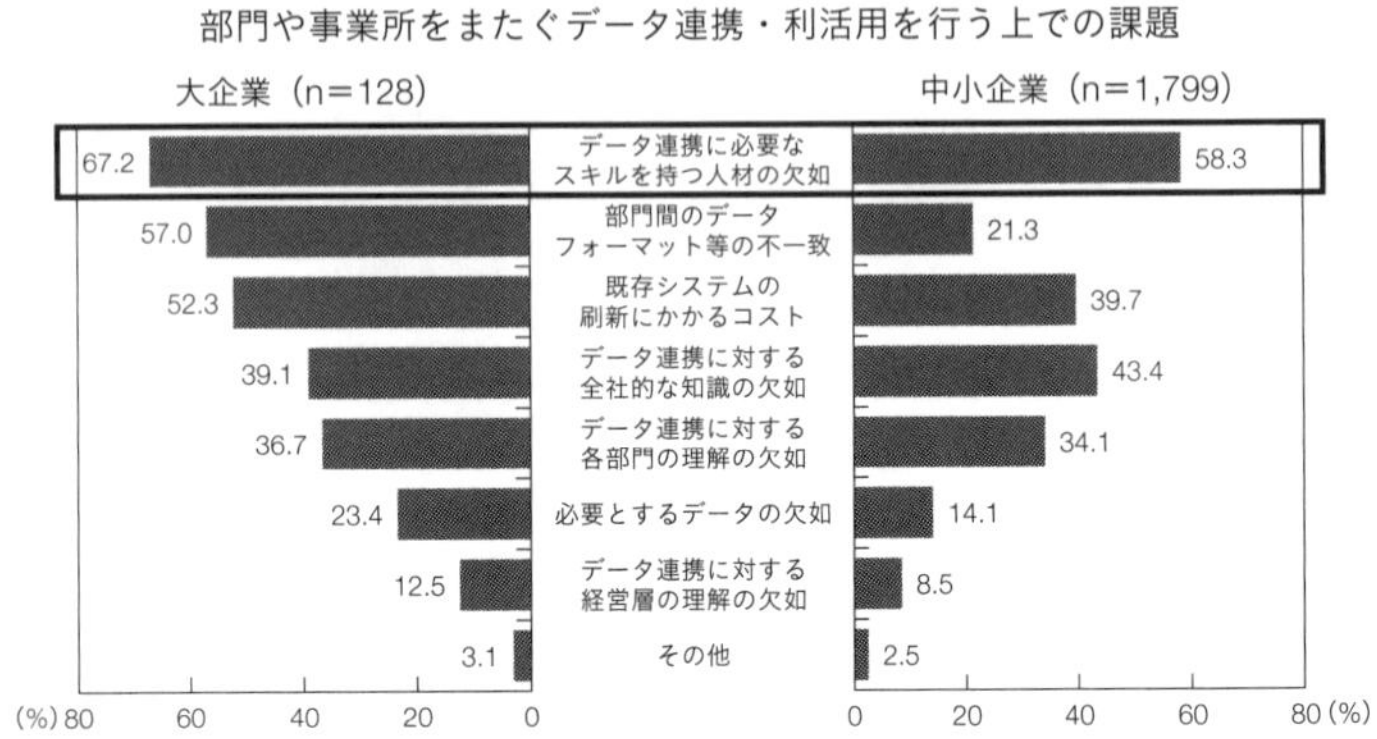

資料：三菱UFJリサーチ＆コンサルティング（株）「我が国ものづくり産業の課題と対応の方向性に関する調査」（2023年3月）
出所：経済産業省「2023年版ものづくり白書」

専門性の向上に企業がこれほど前向きなのは、自動車や自動車関連部品メーカーを考えるとわかりやすい。従来、日本の自動車産業は内燃機関の品質を上げ、精度を上げ、環境負荷の低減にも取り組み、世界に誇れる技術を開発してグローバル市場で確固たるポジションを確立してきた。だが、ＥＶの台頭によりゲームチェンジが行われようとしている今、既存事業を継続し改善を図るだけでは、企業の存在意義は揺らぎかねない。専門性の拡張と深掘りは製造業の至上命題である。

「何」を専門化・強化すべきかを選定することが必要

もっとも製造業では配置によって専門性が左

右される傾向が強い。ある大手製造業の開発部では次のような課題を挙げていた。

「技術者の専門性はその時々のプロジェクト配置に依存してしまい、各技術者の強みを育成しづらい」

どのプロジェクトに割り当てられるかによって専門性が決まってしまうのは「日本企業あるある」だ。自らの意思や決定で専門性を高めるのではなく、上司や人事が決める配置でなんとなくキャリアが形成され、気がつけばある分野での専門性が高まっていたというケースは本当に多い。各技術者が持っている本当の強みや適性とフィットしていれば幸運だが、必ずしもそうではないだろう。

また、別の企業の生産技術部では「製品ポートフォリオが入れ替わりながら競争が激化している。勝つために新しい技術の育成が必要な中で、誰がどんな技術を扱えるのか、なんとなくでしかわかっていない」とのコメントがあった。

さらに、ある企業の人事部では専門化についてこんな課題を挙げていた。

「工場にデジタル技術を適用し、生産性を高めたいが、現状は工場の中で誰がどれだけデジタルを活用して作業を実施できているのかがわからない。研修をもっと整備したいもののデータが得られていないので根拠を示せず、『研修を実施すべき』とは言い出しづらい」

専門化を推進すると、受講者や指導者の選定や必要な教育や研修の組み立てなどの負荷が必ず発生する。負荷を補うだけのメリットを示す明確な根拠がなければ意見は言い出しづらい。

そのために議論も進まない。

データがわからない、各技術者がどんな技術を持っていて、何が強みなのがわからない。こうした問題を解決するためにこそスキルマネジメントを実践したい。ただし、新たな専門性を確立するにしても、「何」を強化すべきかを選定することが先決だ。従業員や組織の単位で強化すべきスキルセットを明確にする。専門性を特定したら、次はその専門性を得るために適した手段を見定めて実施する。従業員に合わせてスキルを伸ばす機会を提供すれば、スキルの蓄積を通じて専門性を強化できる。

前項で述べた（1）の多能化は日々の需要変動に応えて安定的にものをつくっていくためや、各種プロジェクトを円滑に推進するために必要な施策だ。どちらかといえば日常業務の延長線上にある。対して、専門性は企業のコアだ。そして、あるときいきなり変化する可能性もある。専門性の深掘りと拡張によって、変化に備え、競争に勝てる準備をしていくことが重要だ。

専門化を進めるためにスキルの強み・弱みを可視化

専門化を進めるためのスキルマネジメントの取り組みとしては、スキルのヒートマップや

図表3-8 専門化：スキルのヒートマップで強み・弱みを可視化

		工場		
		群馬	三重	栃木
スキル	プレス加工	3.2	3.5	1.8
	切削加工	2.8	3.2	2.0
	洗浄	3.5	3.7	2.1
	塗装	3.0	3.4	2.5

		工場		
		群馬	三重	栃木
プレス加工	せん断加工	3.5	4.0	3.1
	曲げ加工	3.6	3.5	2.0
	絞り加工	2.8	3.0	1.2
	成形加工	3.0	3.3	1.7
	圧縮加工	3.2	3.5	1.8

レーダーチャートを用いて強みや弱みの可視化に努める。スキルの分類ごとに保有レベルの平均値を集計し比較することで、個々の強みや弱みを明確に判断していく。

仮に板金工場の生産工程で求められるスキルが、工程に基づき「プレス加工」「切削加工」「洗浄」「塗装」という4つのカテゴリーで構成されているとしよう。このスキルについて3つの工場（群馬工場・三重工場・栃木工場）ごとに従業員の保有スキルレベルの平均値を集計し、平均値の大小によるヒートマップを作成すると、組織同士での横比較が可能になり、工場ごとのスキルの濃淡が見えてくる（図表3－8）。組織ごとに特徴が浮き彫りになるのだ。

比較してみたところ、群馬工場や三重工場は比較的すべてのレベルが高いように見え、栃木工場はレベルが低いカテゴリーが目立った。スキルの分類をもっと細かくしてみると、拠点や部署ごとの明確な差が把握できる。例えば、「プレス加工」のカテゴリーには、「せん断加工」「曲げ加工」「絞り加工」「成形加工」「圧縮加工」という5つのサブカテゴリーがあるとする。三重工

図表 3-9　専門化：スキルのレーダーチャートで強み・弱みを可視化

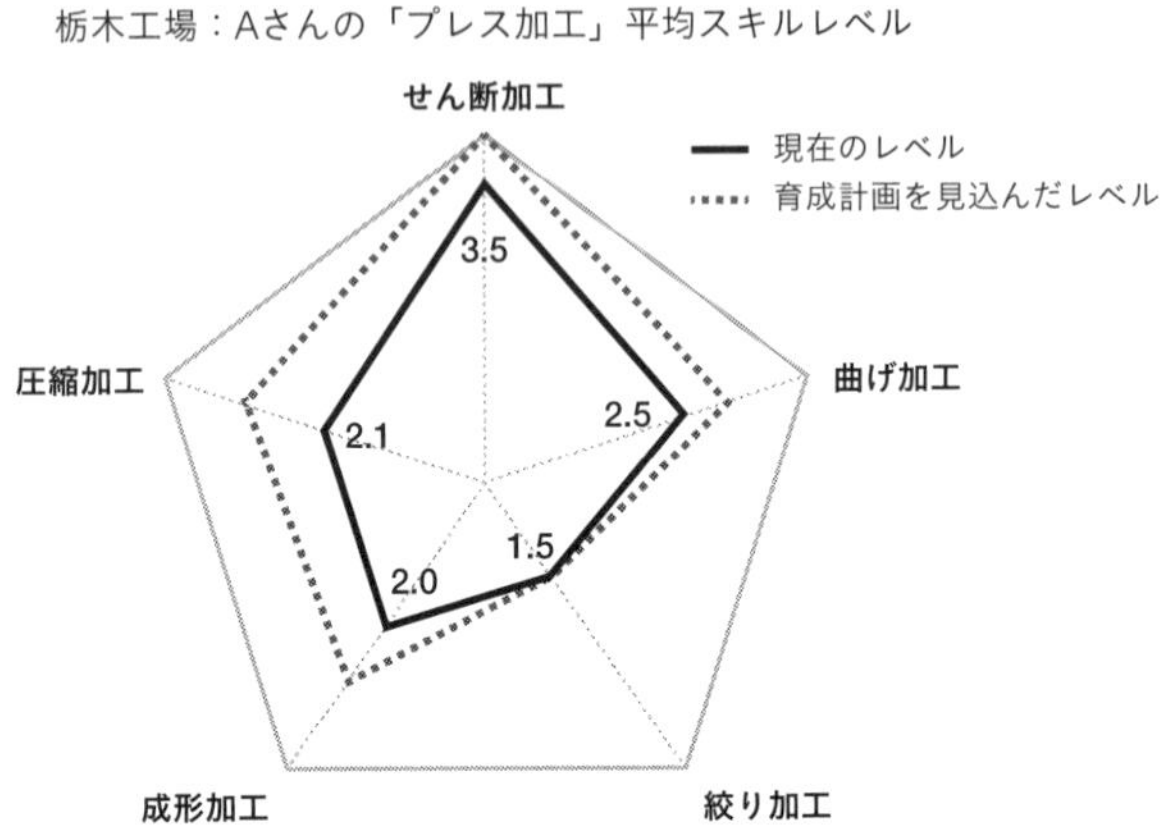

場は、これらをバランスよく、平均3・0以上のレベルで保有しているのに対し、栃木工場は平均3・0を超えるサブカテゴリーもありつつ、「絞り加工」の平均が1・2と際立って低いことが特定できる。

従業員一人ひとりのスキルの特性をレーダーチャートで見ていくと、より詳細に状況を理解できる。図表3-9は、栃木工場のAさんの「プレス加工」のレーダーチャートのイメージだ。5つのサブカテゴリーにはそれぞれさらに細かい項目が複数あり、その平均値を現在、および今後の育成計画の完了を見込んだ将来についてプロットしている。このようにすることで、従業員それぞれの強み・弱みを明らかにしながら、将来それらがどれだけ改善していくのか、伸びしろを明らかにすることができる。

調べていくと、残念ながら多くの従業員は、

「プレス加工」のうち「絞り加工」の平均レベルが2・0以下で、育成計画を見込んだ将来のレベルにも伸びが見られないことから、有効な育成計画も立てられていないようだとわかった。幸いにも絞り加工のスキルが平均3・0のベテランが見つかったため、彼に指導者をお願いして、若手を育成していくのがよさそうだとわかった。ここからは多能化の項で述べた手順と同様だ。

専門性を高めるためには、教育と経験を積み重ねていくことが有効だ。専門性を高める教育を行う際には上司から対象者を指名するだけでなく、本人の意思を尊重して希望者に立候補してもらう方法も検討したい。いずれにしても、従業員のスキルレベルを明らかにすることで、教育すべき対象者が浮き彫りになり、上司も本人も参加の判断がしやすくなる。

従業員に提供するのは研修や教育だけとは限らない。プロジェクトへの配置も有望な選択肢だ。「経験を提供する」という形のオファーである。

強化対象のスキルについては、どれだけ蓄積されているかがわかるようにモニタリングを行う。時系列で工場ごとのスキルレベルの合計点をグラフで表せば、どこがどれだけ伸びているのかを判別できる。

個人をクローズアップしたうえでレベルの引き上げペースを把握し、問題のある箇所をテコ入れすることもできる。例えば、あるスキルが不足している従業員に研修をオファーしてスキル習得を図ってもらったが、スキルの積み上げ推移を見ると停滞していたとしよう。「絞り加工」については著しい伸びが見られたものの、ほかは横ばい状態が続いていた。その従業員を多能工として伸ばしていくか、あるいは伸びが見られた「絞り加工」について専門性を高める方向に持っていくのか。そうした議論が可能になるのもスキルデータを蓄積しているからである。

専門化の事例……育成の視点から技術者をプロジェクトに配置した装置メーカー

専門化の例として、ある装置メーカーの事例をクローズアップする。このメーカーの工場は戦略として対象市場の拡大を志向している。ただし装置分野の技術者は不足気味で、育成ニーズが顕在化していた。その一方で技術者のスキル開発はプロジェクトの経験に依存していた。

同社の課題は次の2つに集約できる。1つは配置される工程によって経験可能な業務が変わるため、技術者の現有スキルを可視化して強みを把握し、育成の視点からプロジェクトへの配置を行うこと。もう1つは、従来型の形骸化したスキルマップの運用から脱却し、データを一元化することだ。

人事部が主管している人事システムや育成プログラムでは事業部門の要請には応えきれない

ことから、事業部では部門独自で人材開発に取り組むことを決め、スキルマネジメントの実践に踏み切った。

具体的な内容を見てみよう。この工場ではこれまでは上司が従業員の工程経験数を管理していた。ただし管理といっても記憶によるものだ（図表3-10）。

Pさんは X社向けの装置プロジェクトを担当していたな。

QさんはY社向けの装置のプロジェクトに参加していたはずだ。

RさんはZ社向けの装置プロジェクトに入っていたように記憶している。

上司の頭の中では従業員の工程経験数がこのような曖昧な状態でインプットされていた。もちろん驚異的な記憶力とノウハウで問題なく従業員の工程経験数を頭にたたき込み、それを基に次のプロジェクトに適切に配置できる人もいるだろう。

しかし、頭の中で把握できる数には限界がある。10人、20人と増えていけば不可能だ。無理をして何とか把握したとしても、解像度には疑問符がつく。勘の出番がより増えていくことが予想できる。

また、このままでは「PさんはX社の装置プロジェクトをやった経験があるから次の装置プロジェクトにも加わってもらおう」と似たようなプロジェクトに参加させられる確率が濃厚だ。先にも述べたが、現場では渡されたプロジェクトによって専門性が決まりやすい。だが、それでは偏りが生まれるばかりだ。

図表3-10 専門化：上司の記憶に頼っていた工程経験数を可視化

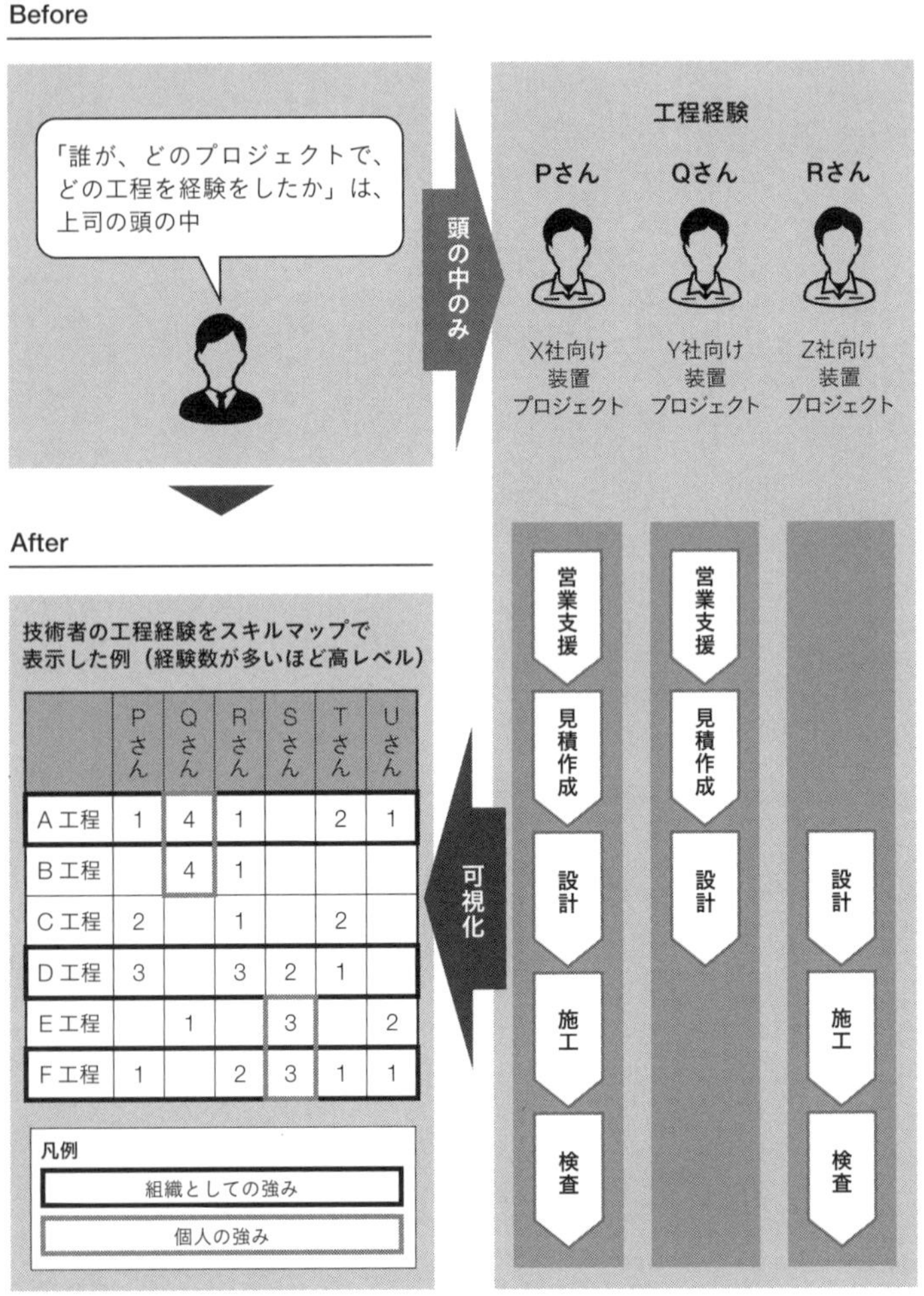

	Pさん	Qさん	Rさん	Sさん	Tさん	Uさん
A工程	1	4	1		2	1
B工程		4	1			
C工程	2		1		2	
D工程	3		3	2	1	
E工程		1		3		2
F工程	1		2	3	1	1

出所：弊社顧客企業へのヒアリング結果より

「装置プロジェクト」と一口にいっても、従業員によってプロジェクトへの関わり方はそれぞれに異なる。Pさんは営業支援から見積作成、設計、さらには施工から検査まで担当していたかもしれない。Qさんの担当は営業支援と見積作成、設計のみで、Rさんは後工程の設計、施工、検査だけを担当していたかもしれない。

そのプロジェクトで誰が何を担当していたのかというレベルまで個人の記憶に依拠することは難しい。組織としての強みや弱みを確認するために、技術者の工程経験をスキルマップで表示する。この方法で組織としての強みはA工程やD工程、F工程にあることがわかった。逆にB工程やC工程、E工程は今後力を入れていかなければならない工程だ。

個人レベルで見ていくと、QさんはA工程とB工程で、SさんはE工程とF工程において高いレベルを保有していることが明らかになった。実態がわかれば事業部門では、経験したことがない人をあえて新しいプロジェクトに配置し、育てていくこともできる。人事は事業部門のすべての育成にまで目が届くわけではなく、彼らの方針が現場に必ずマッチするわけでもない。ここでは部門独自の取り組みが必要だ。

施策の結果、この工場ではコアスキルの保有状況をデータベース化し、スキルデータ分析を通して世代ごとのスキル保有者数や、要求人数に対する充足状況も把握できるようになった。

同社製品は幅広い業界で使用でき、その中で、これから需要が高まりそうな物流業界に力を入れたいと以前から検討はしていたが、いつも同じ従業員が同じようなプロジェクトに配置されていたため、当該業界のスキルを持つ人が増えず、実現できないままだったという。業界経験がある人材を育ててスキルを向上させれば、企業の成長性は高まる。スキルデータは、成長産業に足場を築き、業容を拡大する方向でも活用できる。

3 基礎力向上

ものづくりの基礎的なスキルや知識は低下している⁉

技術者には基礎力が不可欠だ。製造業の基礎を形成するスキルや知識が盤石でなくては技術を存分に発揮できず、確実にＱＤＣＳを守って製品を生産し出荷することは難しい。にもかかわらず、現場では基礎を形成するスキルや知識力の低下傾向が進行している。

『日経ものづくり』が２０２１年に実施したアンケート調査によれば、「ものづくりに関する技術者の基礎的なスキルや知識の低下は危機的なレベルにある」と考えている技術者は非常に多く、「かなり危機的」と回答した技術者は約52％。「やや危機的」と回答した技術者は約

34％。両者を合わせて85％以上の技術者が危機感を持っている。「加工や検査の原理、理想と現実の違いを理解し、製品に要求される機能や性能を的確に見抜き、合理的に実現できる設計や工程を考える力など、ものづくりの本質の理解が不足している」といった厳しいコメントも目につく。

組織間で共通に定義されるスキルが基礎力として可視化されていない状態では、組織をまたいだ異動や応援体制を敷いたときに、個々の基礎力を把握することが困難になる。実際に基礎力が不足している場合は、育成の難易度も上昇する。弊社が顧客企業にこの点についてヒアリングすると、ある大手企業の技術教育部は「スキルの評価方法は組織によって異なるため、異動してきた従業員の基礎力を測ることができず、うまく育成につながっていない」と吐露していた。また別の会社の製造部は次のように述べていた。

「応援でやってきた人がどんなことができるのかわからないため、簡単な作業からしか任せられない」

人が足りない現場に別部署から人を送り込んでも、基礎的なスキルの内容やレベルがわからなければ現場は対応に困る。結局、誰でもそつなくできる作業に充てるという無難な方法を選びがちで、根本的な解決には至らない。

こうした問題を防ぐための方法は、基礎スキルを順序立てて整理し、段階的に漏れなく習得させることだ。多能化や専門化により得ていくスキルは従業員それぞれで異なるが、基礎スキルはその共通の土台となるもので、理論から実践へ順番に学んでいくべき内容になる。間を飛ばすことなく、ほかのスキルよりもより丁寧に、段階的に育成をしていくことが重要だ。またこうしたスキルは、組織間で共通定義し、認定条件をより具体的にしておくことで、組織ごとの評価も属人的にならず、異動してきたばかりの人材でも着実に育成できる。

体系的な基礎力習得のためにスキルデータを活用する

基礎力の向上を図るスキルデータの活用方法としては、まず基礎スキルに対して任意の従業員を設定したスキルマップを作成したい。これによりスキルの未保有者のあぶり出しが可能になる。

基礎スキルの育成に向けては、各レベルの認定条件を要素分解した、より細かいスキルを定義したうえで、それらを順々に認定していくことが有効だ。例えば、「部品図面作成」という基礎スキルに対して、レベル1の認定条件を「指導者の補助を受けながら業務を遂行できる」とした場合、その要素分解をしたスキルは、部品の設計要件を理解するための「設計構想書の読解」や、図面で指示する加工方法を理解するための「加工原理の把握」といったものが挙げられるだろう。

さらにレベル2で「指導者の指示の下、独力で業務を遂行できる」ことが求められる場合には、部品の仕様を正しく図面に反映していくうえでの「加工方法の限界精度の把握」や「加工部位ごとの寸法公差の設定」といった、より高度なスキルを条件付けすることが考えられる。このように細分化されたスキルは、会社内で定期的に実施されている集合研修を通じて習得できることもあれば、ＯＪＴを通じて業務中に自然と習得されることもある。いずれにせよ、こうした各種教育を誰に対してどのように進めるのかを計画し、漏れや遅れが出ないように進捗を追っていくことが重要だ。

研修にしてもＯＪＴにしても、基礎スキルのレベルアップに必要な教育が完了した場合には、実際に基礎スキルが引き上げられたかを判断し、適宜認定を行っていく。もし基礎スキルを予定どおりに習得できなかった従業員がいる場合は、原因を見極めたうえで、確実に次の計画に反映する。もし現場での基礎力が低下している、落ちてきていると感じるのであれば、まずこの基礎力向上からスキルデータの活用を始め、組織の技術力の土台を盤石なものとすることをお勧めする。

基礎力向上の事例

業務を支える基礎スキルを体系的に育成する産業機器メーカー

現実の例として、ある産業機器メーカーの取り組みを紹介したい。

この会社では、複数の工場でさまざまな機器の製造に取り組んでいるが、機器ごとの需要が毎年のように変動するうえ、1年の中でも負荷の大きい工程、小さい工程が移り変わっていくため、時期によって作業員の配置を細かく調整する必要があった。配置する作業員の選定は各工程を管轄する職長の記憶頼りで行われており、毎回適切な作業員が選ばれているかどうか判別しにくい状態であった。

一方で、作業員を受け入れる側としても、ほかの工程や工場から呼び寄せた作業員がどのような作業ができるのか把握できておらず、また実際に作業を進めるスキルが不足していることもあった。そのため、人を集めたのはいいものの、結局は任せられる仕事が限定的になったり、別途指導が必要になったりと十分なパフォーマンスを得ることができていなかったという。

そこで同社は、所属する工場や取り扱う製品にかかわらず、通底して必要になる「加工」や「組立」といった基礎スキルを何種類か定義した。もちろん、基礎スキルだけでは業務を進めるうえで十分とはいえないが、工場や製品に特有な専門のスキルを別途定義し、基礎スキルと合わせて各作業員のレベルを認定していくことで、まずは同一組織内で誰にどのような業務を任せることができるかを可視化した。また、スキルマップを組織間で共有し、他組織の作業員が保有する基礎スキルを参照できるようにしている。

基礎スキルを認定する際にも、多様な教育や経験を基準としているところが特徴だ。例えば、「組立」スキルのレベル1を認定する際には、「ボルト締結の原理の理解」などに対する教育が必要であり、レベル2以降になると「指示書を遵守した作業実績」「一定以上の作業経験回数」なども求められるようになる。単純に教育の結果がそのままスキルとして発揮されるのでなく、実業務の経験の積み重ねも踏まえてスキルに昇華されるという考え方は示唆に富んでいる。

このような基礎スキルの定義を通じて、同社は組織的に基礎スキルを育成し、技術力を維持する土台を形成した。そのうえで、工程の負荷変動に対しても、呼び寄せる作業員に基礎スキルがあるかどうかを事前に評価できるようになっている。同時に、どのような専門スキルが足りず、育成の必要があるのかも明らかになるため、現場で慌てて指導することもなくなっていくだろう。

4

組織の技術・技能伝承

ＯＪＴに依存する形で人から人へと技術・技能を伝えている

ここまでスキル習得の方向性として、（1）多能化、（2）専門化、（3）基礎力向上の３つについて説明してきた。次から述べる（4）の組織の技術・技能伝承と（5）の個人の目標設定・学習というスキル習得の手法は（1）～（3）に横串を刺す形で機能している。

製造業における（4）の技術・技能伝承の問題は深刻だ。どこも技術・技能の伝承を非常に重要視している。そして、この傾向は企業規模が大きくなるほど顕著になる。

第1章でも取り上げた「ものづくり産業における技能継承の現状と課題に関する調査結果」（労働政策研究・研修機構）に、技術・技能の伝承を考えるうえで参考になる数字が出ている。「技能継承をどの程度、重要だと考えるか」という問いに３００人以上の従業員を抱える会社は76・0％が「重要」と答え、22・0％が「やや重要」と回答していた。実に98％が技能伝承を重要だと考えている。従業員の数が49人以下の企業で「重要」と回答したのは64・2％、

「やや重要」が29・2％。大企業ほどではないが、それでも9割を超える企業が技能伝承を重視していた。

しかし、企業規模を問わず大多数の企業が技能伝承を重要だと考えながらも、実態としてはうまく進んでいない。同調査では「技能継承がうまくいっていないと考える理由」も明らかにされている。最も多かった回答は「若年ものづくり人材を十分に確保できていないから」（56・2％）。続いて多いのが「ＯＪＴが計画的に実施できていないから」（39・4％）だ。1位の若手の採用難は製造業の構造的な問題だが、2位にＯＪＴの不備が挙がっている点は興味深い。

「ＯＪＴが計画的に実施できていない」の回答は企業規模に比例して増えていく。管理する組織が巨大化するとどうしても細部に目が行き届かなくなる。指導の質も落ちやすい。組織が巨大化するときに避けては通れない問題だ。

弊社も自身の経験や顧客企業からの声を通して、多くの現場がＯＪＴに依存する形で、人から人へと技術・技能を伝えていることをよく知っている。よい面はあり効果も高いが、指導者によって質にばらつきがでることも事実だ。また、指導者の業務が忙しくなると「忙しいから自分で学べ」と放任主義になりやすい。

技術・技能を身につけていくための計画が作成されていないケースも多い。形として計画はあっても具体性がなかったり、進捗状況をチェックするプロセスが欠けていたりで、本当に技術・技能を伝えることができたのか、できていないのか、できていないとすればどのあたりが不十分なのか詳細を確認できない。そうなると、漠然としたまま成り行きで伝承が進んでいく。

「スキルが失われる」リアルな危機感の共有が重要

この状況が続けば、確実に組織からいくつもの技術や技能が失われることになる。しかし、多くの製造業は「いずれは消えてなくなるかもしれない」と危機感を抱きつつ、具体的にどんなスキルがいつ失われるのかについて現実を見ていない。見るすべがないからだ。よくあるのが、一人の従業員が定年退職してから初めて、「ここの工程が適切に稼働していない」ことが発覚し、あたふたとするケースだ。できる人がいなくなってからことの重大さに気づいても取り返しはつかない。

以前、団塊の世代が定年退職を迎える前に「2007年問題」が騒がれたことがある。多くの技術や技能が失われてしまうという危機感から企業は定年延長や再雇用といった方法を使って危機を何とか乗り越えた。しかし、その場しのぎの対症療法はもう限界に近づいている。

弊社でも多くの顧客企業より、砂時計型の人員構成の課題について話を聞いている。50代、

60代や20代の社員の数は多いのに、30代後半から40代はいきなり少なくなるという。30代後半から40代は正規雇用が控えられ、派遣社員の受け入れが大量に行われた時代に当たる。重要な工程をこなせる人材が外にしか存在せず、社内には教えられる人もいない。今は現場に無理やり仕事を押し付けているといった状態だ。

組織内で技術や技能を伝承していくには経年変化を注視する必要がある。技術・技能の伝承は一足飛びには実現しない。教えられる指導者の数が少なくなればそれぞれの指導者への負荷が増す。

対策としては、一人に負担が集中する状況を避け、指導者の数がまだ多いうちに施策を打つことだ。ぼんやりとした危機感ではなく、現実を見据えたうえで「このままでは本当にまずい」というリアルな危機感を組織で共有することが重要だ。勘と経験でしのぐ体制にはピリオドを打ち、スキルデータを根拠とした抜本的な対策を打つべきタイミングである。

保有スキルの経年変化をデータで把握すれば優先順位付けができる

指導者がいなくなってしまう深刻な事態を防ぐには、旧来の実施手法を思い切って変え、優

図表3-11 保有スキルの経年変化を把握する

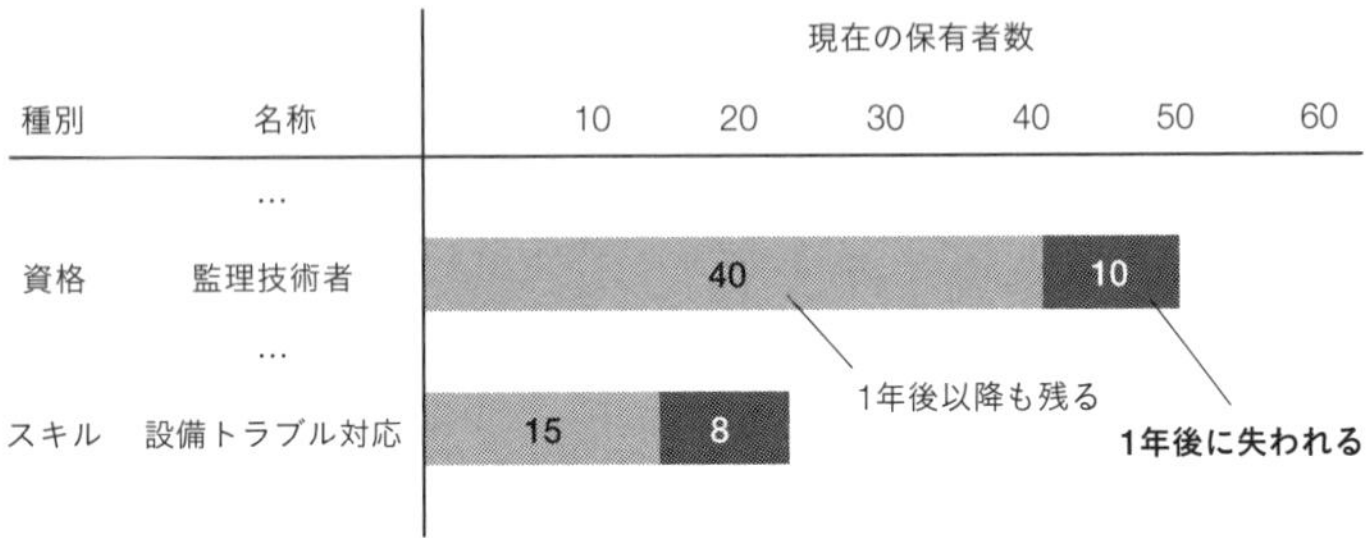

先的に伝承すべき技術と適切な指導者を選定して、ＯＪＴを含む教育を円滑に進めていく策を取りたい。順序としては、現実を客観視し将来を予測することから始める。組織がいま保有しているスキルがいつ定年退職や有効期限切れによって失われてしまうのか。まずは、保有スキルの経年変化を把握し、正しく現状を把握していく。

上の図表3‐11は、経年変化で失われるスキルをランキングした結果の一部だ。色が濃い部分は1年後に失われるスキルの保有者数、色が薄い部分は1年後以降も残るスキルの保有者数を表している。

この図を見ると、「監理技術者」の資格は、ベテランの定年退職によって1年後には10人分、つまり全体の2割が失われることが確定している。監理技術者は、製造設備設置などの工事現場ごとに有資格者を配置することが建設業法によって決まっているため、このままでは組織として工事を伴うプロジェクトを遂行する能力が10件分減少することになる。

明示的な資格だけでなく、暗黙知になりやすい複雑なスキルも要注意だ。「設備トラブル対応」も1年後には8人分が失われる。弊社の顧客企業に技術・技能伝承を優先すべきスキルを確認すると、必ずと言っていいほどトラブル対応の話が挙がる。設備や製品の仕様を深く理解したうえで、故障モードや作業ミスのパターンを分析し、適切な対処を実行するという、育成難易度の高い高度なスキルであるからだ。こうした重要なスキルが現場から消えてしまうリスクは、現実に多くの製造業が直面している事象である。

緊急時の対策のカギを握るスキルを発揮する機会は、現実には多くはないと推察される。だからといってそうしたコアスキルを持っていた人がいなくなってからでは、いざというときに対応できない。トラブル対応が長期化すれば、顧客の満足度や業務の生産性が著しく低下していくことになる。損失額は大きくなり、社会的にも大きなダメージを受けるだろう。実際に行使する場面がどんなに少なくても、コアスキルは意図的に伝承をしていかなければならない。

さらに、習得に時間がかかる溶接や塗装、接合などについても、コアスキルとして腰を据えて伝承に取り組みたい。製造業には一人で仕事をこなせるようになるまで2年以上の年月を要するスキルも多い。長い目で見た取り組みが求められる。

失われるスキルを特定したら次は適切な指導者を選定する。該当するスキルを保有する従業員の中からスキルレベルや年齢を踏まえて適切な人材を指導者に指名し、育成計画を立てて教育の進捗を確認していく。

このときによく用いられるのが、育成計画をガントチャートで把握する手法だ。スキルデータに紐づけて技術・技能伝承を計画し、現在の日付と照らし合わせて遅延の有無や育成対象者の習熟状況を確認する。遅延している計画がある場合は、指導者に問い合わせて、計画の挽回や修正について議論することで、技術・技能伝承を滞りなく進めていくことが重要だ。

組織の技術・技能伝承の事例 コアスキルの的を絞り伝承に成功した素材メーカー製造部

組織の技術・技能伝承の事例として、ここではある素材メーカーの製造部の取り組みを紹介する。従業員の数は数千名規模という大企業での事例だ。

同社の製造部では職場ごとにエクセルでスキルを管理していたが、部署内で閉じた運用になっていた。職場ごとに管理されているスキルの数は平均100種類以上、トータルでは1万以上。スキルデータの運用負荷が増大していたが、管理といっても主な目的はＩＳＯの監査を通すこと。それ以外ではほとんど使われていなかった。

会社としては重点的に伝承すべきスキルや将来不足するスキルを把握したいと考えていたが、そのままでは現実として難しい。若手層への技術や技能の伝承が停滞しているという課題にも直面していたため、同社はまず、スキルマップと以前からある教育訓練計画、教育訓練記録とを連動させ、スキルデータの運用負荷の軽減を図った。コアスキルを特定するために数万項目に及ぶ全社のスキルを俯瞰し、部署をまたいでスキルデータを一元化・可視化して、重要度の高いコアスキルを特定した。優先すべきと判断されたコアスキルの数は約700。少ないとはいえないが、1万以上もあった項目から絞り込みをかけた結果である。

コアスキルを絞ったところでスキルのレベル総量（保有レベル×人数）を集計し、ベテラン社員の退職で失われるレベル総量と比較をして、喪失の危険がある必要度（優先度）の高いものから若手社員への技術・技能伝承を実施した。コアスキルと一口にいっても喪失の可能性には濃淡がある。同社はとくに危険が高いものから計画的に技術・技能伝承を進めていった。

その結果、新入社員や既存社員への特定コアスキルの伝承は着々と進んだ。技術・技能伝承の状況については定期的なモニタリングを継続して行っている。コアスキルの絞り込みや部署を横断してのスキルデータの連携には相応の手間を要したが、2年半の期間において、65％程度のコアスキル伝承が完了した。スキルマネジメントの多大な効果である。

5 個人の目標設定・学習

自身のキャリアパスや成長の方向性が見えない

次いでもう1つのスキル習得手法である個人の目標設定・学習について述べる。

上司から技術や技能を教えるだけではなく、個々の従業員が目標を立て、達成に向けて学習を進める。スキルアップの達成感を得て、次の目標に向かっていく。そうした道筋をつくろうという機運が今、製造業の間でかつてないほどに高まっている。理由は非常にシンプルだ。キャリアアップやスキルアップに対する従業員の不満が高まり、退職する若手が増え、いよいよ企業はここに本腰を入れて取り組まなければならない状況に追い込まれている。

製造業の従業員はいったい何を不満に感じているのだろう。その理由を探った興味深いデータがある。日研トータルソーシングの「製造業の就労ニーズ白書２０２３」では、従業員が感じている不満として、「給与水準が低い・上がらない」がトップに挙がっているが、次いで「スキルアップを望めない・将来への不安を拭えない」が続く。自分はここにいて成長できるのか、スキルを向上させられるのか、ここにいて大丈夫なのか。そうした従業員の悲痛な声が聞こえてくる結果ではないだろうか。

そもそも製造業に限らず、日本の企業のOFF-JT費用、つまり企業が社員の研修にかける研修費の水準は非常に低い。厚生労働省の「令和4年度 能力開発基本調査」によれば、労働者1人当たりの平均額は1・3万円。加えて、自己啓発支援に支出した費用の労働者1人当たりの平均額は0・3万円。傾向としてはとくに増えてはいない。2万円以上を支出していた時期も過去にはあったが、ここ数年は1・5万円を割り込んでいる。

ほかの先進国と比べてみよう。経済産業省がまとめた「未来人材ビジョン」によれば、日本のGDPに占めるOJT以外の人材投資の割合は2010年～2014年で0・1%。米国やフランス、ドイツ、イタリア、英国の欧米5カ国に比べて極端に低い。米国は2・08%。英国でもGDPの1・06%を人材投資に充てている。この資料では2014年までのデータしか出ていないが、その後10年で日本企業の人材投資が飛躍的に伸びたとは考えにくい。

製造業においても、研修内容が充実しているとはいえないようである。弊社の製造業出身の従業員からは、「『上司に言われたから』という理由で送り込まれる研修が多い」「自ら手を挙げて研修に参加するという環境ではない」という声も聞かれた。

能力開発の取り組みについて顧客企業に話を聞くと、これまではあまり積極的に行ってはいなかったものの、現在は必要性を痛感しているという。ある製造業の技術部からは「もともとはプロジェクトに必要な人材の要件や配置を考えるためにスキルデータの活用を検討してきたが、最近はキャリア開発に対する社内の関心が高く、専門性の認定基準としてスキルデータを活用できないかと考えている」という声が寄せられた。別の会社の技術部からは「キャリア形成の要件が見えていないため、従業員は自身の現状や目標を可視化できていない」という声も飛び出した。さらに別の企業にてスキルデータの社内横断的な活用を検討する情報システム部は、「従業員目線で自身のキャリアパスや成長の方向性が見えず、成長実感を得づらい状態にある。退職につながるリスクを懸念している」と語っていた。

キャリア形成、目標の可視化、成長実感。ヒアリングから得られたこれらの言葉は、従業員を会社につなぎ留め、ここにいたいと思わせる重要なキーワードだ。企業もそれはわかっている。わかっていながら打つ手を見つけられずにいる。ここを変える必要がある。

キャリアの自己認識とキャリアパスに基づく個人の目標設定を可能に

製造業における個人の目標設定や学習に関する課題を整理すると2つに分けられる。1つは、各従業員が自らの専門性や組織内での役割を明確に認識すること、言い換えればキャリアの自己認識を形成することだ。自分のキャリアについて曖昧なイメージしか持てない状態では、主体的にキャリアパスを描くことはできない。自分が今どういったキャリアにいるのかをクリアに見つめ、認識してもらうことから始めたい。これまで経てきた仕事・経験で蓄積したノウハウや技術・技能を棚卸しして、自らのキャリアを認識し、キャリアパスを描く仕組みを整えていくことが重要だ。

2つ目の課題はキャリアパスに基づく自律的な目標設定だ。自分のキャリアは誰のものでもない。誰かのコピーでもない。それぞれが自分なりにキャリアを自己認識し、次に目指したいキャリアに向けて主体的に目標を設定してもらう。「今はこの仕事をしているが、将来的にはあの部署に行きたい」。あるいは「あの人のようになりたい」でもいい。自らの意思で目標を設定することが重要だ。

キャリアを自己認識し、キャリアパスに基づいた自律的な目標設定にスキルデータを連動させれば、目標は明確になり、具体性を伴っていく。自身の組織内での役割や強み、弱み、改善すべき点を把握できれば、学習意欲は自主的に高まっていくだろう。何に向かって邁進しているかがはっきりとわかれば、周囲も支援の手を差し伸べやすい。主体的に動く個人を周囲が力強くサポートする環境を整えたい。

スキルデータを基にキャリアを認定し、個人の目標設定・学習を進める

個人の目標設定・学習にスキルマネジメントを活用するに当たっては、スキルデータを活用してキャリアを認定することから始める。そのためには、キャリアを段階的に定義し、そこで必要となるスキルの認定基準を定めていく。

例として、「製品設計」のキャリアパスを挙げよう（図表3‐12）。ここでは専門性の高さの視点で初級・中級・上級の3つのキャリアが定義され、それぞれの目指す姿に応じて、求められる設計スキルやマネジメントスキルを明確に定めていく。初級の場合、「上司の指示どおりに設計業務ができる」「定型業務を処理できる」を目指す姿として、「2D　CADによる図面作成」「3D　CADによるモデル作成」などの設計スキルをそれぞれレベル1以上で有することが求められる。

この図で従業員のAさんは初級・中級はすでに認定済みで、現在上級に挑戦中だ。上級における「自らが中心となり、自発的に設計業務ができる」「課題解決・改善活動も行い、トレーナーができる」という状態を達成するためには、設計スキルに加え、「他部署との調整・交渉」

図表 3-12 「製品設計」キャリアパスの例

従業員にキャリアを割り当て、スキルデータから充足率を計算することで、スキルの多様性を尊重しながらレベルを認定。

Aさんのキャリアパス

キャリア	製品設計：初級 認定済	製品設計：中級 認定済	製品設計：上級 未認定
目指す姿	上司の指示どおりに設計業務ができる。定型業務を処理できる。	上司の指示を理解し、自発的に設計業務ができる。非定型業務を処理できる。	自らが中心となり、自発的に設計業務ができる。課題解決・改善活動も行い、トレーナーができる。
設計スキル	✓ 2D CAD による図面作成 レベル 1	✓ 2D CAD による図面作成 レベル 2	✓ 2D CAD による図面作成 レベル 3
	✓ 3D CAD によるモデル作成 レベル 1	✓ 3D CAD によるモデル作成 レベル 2	✓ 3D CAD によるモデル作成 レベル 3
	✓ 型式 A の製品設計 レベル 1	未 型式 A の製品設計 レベル 2	未 型式 A の製品設計 レベル 2
	…	…	…
マネジメントスキル	✓ 日程管理 レベル 1	✓ 日程管理 レベル 2	未 日程管理 レベル 3
	—	—	未 他部署との調整・交渉 レベル 1
	—	—	未 部下へのコーチング レベル 1
	…	…	…

「部下へのコーチング」といったマネジメントスキルの重要度が増す。Aさんの場合、初級・中級の要求スキルをほぼ習得できているが、上級の要求スキルは未習得が目立つ状態である。

大切なのは、この図を見さえすれば自分が充足しているスキルは何で、足りないスキルは何かをすぐに把握できることだ。上級レベルに行けば行くほど未習得のスキルが増えていくものだが、そのときに何がどう足りないのかがわからなくては、優先順位をつけられず、努力の方向がずれてしまう。

目標のキャリアに対するスキル別の過不足を自ら確認できれば、不足スキルの習得を目標として設定できる。スキルデータによってこうした具体的な目標が立てられるようになれば、必要なアクションを上司や先輩に相談しやすくなり、目標達成に向けた主体的な学習が進むきっかけになる。その結果、スキルのレベルアップのスピードが上がり、目標を達成するごとに自身の目指すキャリアにより近づいていることが実感できるだろう。こうした体験が、さらに高い目標を目指すモチベーションとなっていく。

また、スキルの目標設定と評価、キャリアの認定を通じて、部下と上司とでスキルやキャリアの現在地の認識にギャップがあることも明らかになる。その場合は、ぜひ双方で積極的なコミュニケーションをとり、認識ギャップのある箇所を特定することをお勧めしたい。部下が不得手だと感じていたスキルを、上司がより高いレベルで強みとして評価している場合もある。上司が目指してほしいと思っていたキャリアが、実は部下にとって魅力的でなくなっている場合もある。スキルデータを共通言語として、部下と上司が同じ方向を向き、部下にとってよりよいキャリアパスを歩むことができるようにしたい。

加えて、キャリアの認定において重要なことは、必ずしも必要なスキルを100%習得することまでは求めないことだ。先述のように、配置されるプロジェクトによって得られるスキルは変わっていく。習得可能なスキルには人によってどうしてもばらつきがある。例えば、製品の「型式」によって求められるスキルが違ってくる場合もある。「型式Aの製品設計」ができるからといって、「型式Bの製品設計」ができるとはいえず、別物と捉えるべき場合だ。「製品設計」のキャリアパスにおいて必要なスキルではあるが、どの型式のスキルをどれだけ有しているかは人によって異なる。すべての型式のスキルを習得することは困難であるうえ、一定の割合をカバーできていれば応用が効き、問題なく業務を進めることができるのが実状だろう。したがって、キャリアの認定に必要なスキルは幅広く設定をしたうえで、絶対に外せない重要なスキル（必修科目）と、ある範囲から一定数が習得できていれば十分なスキル（選択科目）を区分けしつつ、スキルの多様性を尊重したキャリアの認定をしていくことも重要なポイントだ。

多くの企業がスキルデータをエクセルで管理しているため、一元化し可視化を図る移行過程では作業量が増えることは確実だ。反対する人が出てくることも予想される。だが逆にそれを乗り越えれば、データの運用工数は減り、大きな価値を創出できる。会社としても個々の従業員にとっても意義があり、価値がある取り組みだ。こうしたスキルマネジメントの活動を効果的に進めていく方法や難所の乗り越え方については第5章で詳しく説明する。

個人の目標設定・学習の事例
人員計画と現状のギャップを把握し計画的に育成したIT企業情報システム部

スキルデータを活用し個人の目標設定・学習を推し進めた事例として、あるIT企業の情報システム部の取り組みを紹介しよう。製造業の事例ではないが、IT・デジタルに関する技術系人材の強化という点は共通する。

この部署では、ＩＴ・デジタル人材の確保と育成を図ってはいたものの思うようにはかどっていなかった。

課題は２つ挙げられる。１つは自社にどのようなＩＴ・デジタル人材が不足しているかを明らかにすることだ。２つ目の課題は、１番目の課題を解決するためにＩＴ・デジタル人材の要件を定めることにあった。

同社が打ち出した施策は以下の２つだ。
①ＩＰＡの情報システムユーザースキル標準（ＵＩＳＳ）などを基に、ＩＴ・デジタル人材に要求される人材像やスキルを定義
②スキルデータによってＩＴ・デジタル人材の人員計画と現状とのギャップを可視化し、ギャップを解消するための育成計画の立案と進捗管理を実施
ＵＩＳＳとは、ユーザー企業におけるＩＴ利活用の促進とそれを担うＩＴ人材の育成を目的に作成された、ＩＴに関する能力を評価する指標であり、情報処理推進機構（ＩＰＡ）が管理している。同社はこのＩＴスキル標準を基に、自社のＩＴ人材に求められる人材像（キャリアパス）をＸ、Ｙ、Ｚという人材として定義づけした（図表3-13）。

こうした人材は、ＵＩＳＳで定義されるビジネスストラテジストやＩＳストラテジスト、プログラムマネージャといった人材のスキルを複合的に有していることが求められる。

図表3-13 求められる人材像をスキルと紐づけて定義

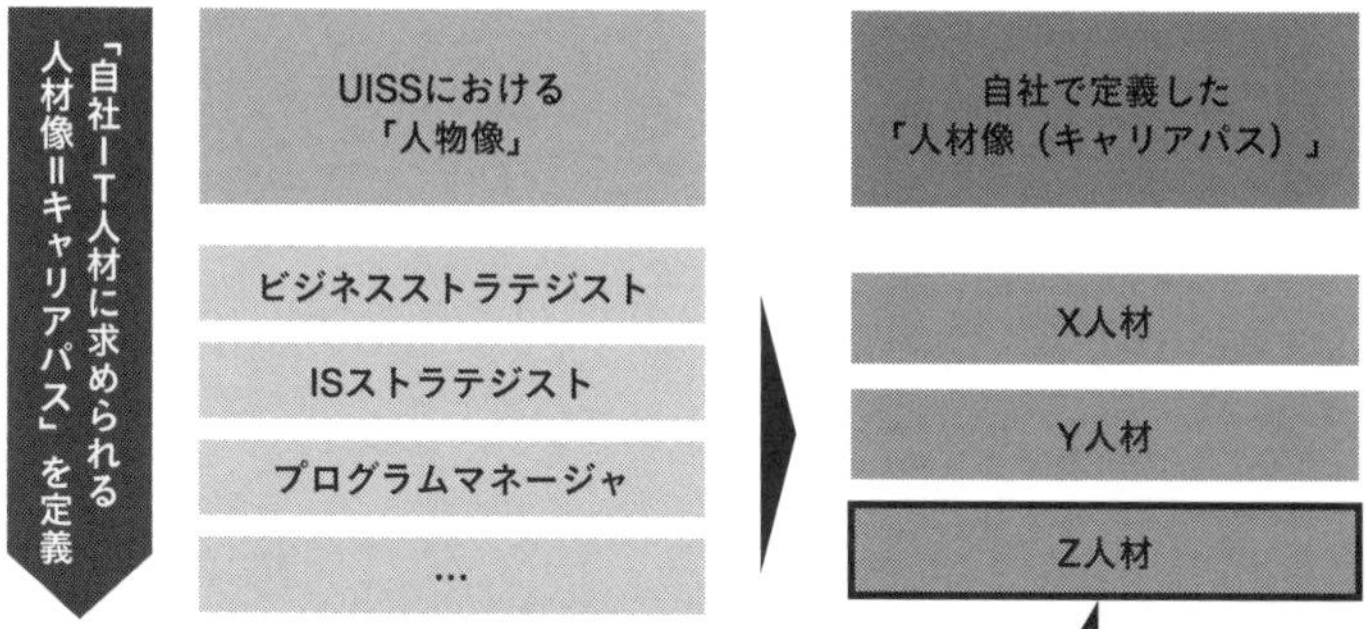

定義した人材像(キャリアパス)ごとにキャリアを設定し、キャリアごとに期待される役割と、必要なスキル・教育・資格を洗い出す

【例】Z人材	期待役割	認定要件	
		スキル	教育・資格
初級	担当サービスの業務推進ができる	• スキルA（Lv1） • スキルB（Lv1） • スキルC	• 教育A • 教育B（初級） • 教育C • 資格A
中級	担当サービスの業務改善を提案できる	• スキルA（Lv2） • スキルB（Lv2） • スキルD	• 教育B（中級） • 教育D • 資格B
上級	幅広いサービスで業務改善を提案できる	• スキルA（Lv3） • スキルE（Lv3） • スキルF（Lv3）	• 教育B（上級） • 教育E • 教育F • 資格C
最上級	サービスの戦略を策定・遂行できる	• スキルA（Lv4） • スキルE（Lv4） • スキルF（Lv4） • スキルG（Lv3）	• 教育G

参考：情報システムユーザースキル標準
https://www.ipa.go.jp/jinzai/skill-standard/plus-it-ui/uiss.html

さらにX〜Z人材のそれぞれを初級〜最上級に分類した。Z人材の初級に期待される役割は「担当サービスの業務推進ができる」こと。中級は「担当サービスの業務改善を提案できる」といった形で、求められる役割が変化していく。Z人材の初級であれば、スキルA・Bのレベル1とスキルC、教育・資格については、教育A、教育B（初級）、教育C、資格Aの取得が認定要件だ。

レベルが上がれば、当然期待される役割や求められる認定要件のハードルは高くなる。最上級のZ人材はほとんどのスキルでレベル4をクリアする必要がある。

以上を完成させたうえで、同社は定義した人材像（キャリアパス）を基に、従業員ごとにスキルを登録し、キャリア認定をスタート。データ分析を活用して現状と計画とのギャップを把握し、育成計画も一元化して行った。

この手順をもう少し詳しく説明すると、スキルを登録しキャリアを認定する段階では、各従業員が期中に新たに習得したスキルを記録していく。スキルの習得状況を踏まえてキャリアの認定基準を満足していれば、晴れてキャリアが認定される流れだ。

キャリア認定が済んだら、人材充足状況の現状と計画を照らし合わせ、ギャップを把握していく。キャリア認定の結果を基に、現状の人材像（キャリアパス）ごとに各ステージのキャリアを認定された人材の分布を確認し、目標人数との差分を算出する。これで計画とのギャップが明らかになり、各従業員の育成計画を立案できる。

育成計画を立案するときには、組織として必要な人員の充足と各従業員のキャリア目標の実現という2つの視点で来期の計画を作り込んだ。必要なのはどのスキルをどのように伸ばし、習得するのか、という視点だ。計画を実行に移したら必ず進捗を確認する。期中（四半期ごと）にガントチャートで育成計画の進捗状況を定期的に確認する場を設け、もし遅れが生じているようならリカバリー策を検討・実施できる運用体制を整えていった。こうした取り組みの結果、組織として人員計画を効率的に満たす育成施策を打つことができ、従業員にとっても納得感や成長実感を持ちやすい業務の割り振りができた。

3 配置

業務に対して人材を配置する際に、スキルマネジメントの実践場面として2つを挙げておく。

（1）プロジェクト配置

（2）異動ローテーション

（1）は、新製品の開発や生産ラインを立ち上げる有期の活動に必要なスキルを持つ従業員を配置することを指す。比較的短期の視点での人材配置だ。近年、部署単独でのプロジェクトのほか、部署横断型や外部との連携プロジェクトが増えている。どちらにしてもリソースを大きく増やせない状況の中では、限定された従業員をより効果的かつ効率的に配置する方法が必要だ。（2）の異動ローテーションとは、従業員の専門性の幅を広げるために、数カ月から数年のスパンの長期的視点で従業員をさまざまな組織の定常業務に配置することをいう。以下、（1）と（2）について詳細に説明する。

1 プロジェクト配置

記憶に頼ったままでは最適な人材配置ができない

先に述べたように、製造業の内部では、日々さまざまなプロジェクトが立ち上がっている。

一方で、トラブルや日程遅延も頻発しており、プロジェクト間で人材を調整しながら何とかやりくりをしているという話も聞く。このような状況だと、限られた人材を適正に配置することがいかに難しいか、想像にかたくないだろう。

実際、弊社が顧客企業にヒアリングを行った結果もそれを物語っていた。「人の配置は過去のプロジェクトの記憶頼りで行っている」と話すのはある製造業の生産技術部だ。生産ラインが断続的に立ち上がる中、スキルデータが管理されていないため、どうしても記憶に頼らざるをえず、「彼はあのプロジェクトをやっていたはずだから今回も大丈夫だろう」と判断し、配置した結果、実力不足が露呈することが多々あるという。

四半期ごとに部をまたいで人を動かしているというとある会社の開発部では、エクセル上で配置を検討し、業務経歴を蓄積してきた。だが、「データの検索が非常に面倒」という理由により、「結局はいつも部署長の記憶を頼りに人を送り込む方法をとるしかない」とこぼしていた。

ここでは2つのコメントを取り上げたが、似たような話は非常に多く、記憶頼み・勘頼みの配置が依然として続いている。

しかし、工場の中だけでも3Dプリンタによる部品製造やAIによる不良品の検出、自動搬送車による物流などが進められているように、製造業を取り囲む世界は目まぐるしく変化している。プロジェクトの要件も今までと同じではない。記憶に頼ったままでは最適な人材を割り当てることは難しい。非効率な管理方法に思い切ってメスを入れ、プロジェクトごとの人材要件を具体化し、従業員のプロジェクトへの適合性を定量的に判断できるようにしたい。人材要件に当てはまる理想的な従業員を特定しながら、組織内に存在する複数のプロジェクトを進められるバランスのとれた配置を検証できるようになれば、少数の人材でプロジェクトの効果を最大限に発揮できる体制を構築できる。

経験を軸としたスキルデータを基に プロジェクトへの配置を行う

スキルデータの活用方法としては、プロジェクトに対してスキルを紐づけていく。プロジェクトの人材要件は、すべてを粒度の細かいスキルに落とし込むというよりも、類似のプロジェクトに携わったことがあるなど、とくに経験の要素を重視しながら定義をしていくことで、配置の判断がしやすくなる。必要に応じてプロジェクトの人材要件を細分化しながら、期間内で求められるスキルレベルを割り当て、こうした要件に当てはまる人材を探していく。

スキルデータが蓄積されていれば、候補となる人材をリストアップし、要件に当てはまる順にランキングで示すこともできる。

従業員のデータと紐づけて過去のプロジェクト経歴の詳細データを記録しておくと、属性を基にした検索も可能になる。例えば、新たに立ち上がるプロジェクトが顧客「P社」向けの「半導体製造装置」であるXを開発するという属性を持っていたとしよう。この場合、同じく顧客が「P社」で別の装置を担当していたAさんや、顧客はQ社だが「半導体製造装置」であるYの機構設計を過去一貫して行っていたBさんの業務経歴データが残っていれば、Aさんの顧客理解やBさんの設計経験が今回のプロジェクトでも活かせる可能性があり、配置の際の有力な判断材料となる。

求めるスキルを100％備えた人材だけでプロジェクトをシンプルに構成できればいちばんいいが、ときとして抽象度の高い判断が必要になる場面もあるだろう。プロジェクト配置は往々にして感覚的になりがちではあるが、現状のスキルをベースに判断したい。

候補人材の配置を事前に検証して不安を緩和

プロジェクト配置には、実際に従業員を配置してみないと本当に機能するのかどうかわからない、という不安がつきものだ。この不安を緩和する手段として、スキルデータを用いて候補人材の配置を事前に検証しておく方法がある。一か八か本番にかけるのではなく、プロジェクトの人材要件に対して候補者を仮に配置してみた場合に、そのプロジェクトでは人材が充足しそうか、ほかのプロジェクトも成立するか、よりよい配置のパターンを追求していくアプローチだ。

まず、月々の必要人数を見ながらプロジェクトに人材を配置する。例えば、ある年の1月から1年間実施されるプロジェクトの人材要件として、「P社向け装置の機構設計」と「Q社向け装置の機構設計」があったとする。それぞれに対して必要なスキルを定義し、候補人材を洗い出して配置パターンを作成したところ、「Q社向け装置の機構設計」の必要人数が7月までは4人、8月以降は5人に増えることに対して、対応できるのは4人。1人不足することが明らかになったとしよう。

一方、「P社向け装置の機構設計」は8月以降、2人の人員が必要なのに対して対応できる人数は3名で、1人分の余裕が生まれることがわかった。この場合、人的余裕がある「P社向け装置の機構設計」から人手が足りない「Q社向け装置の機構設計」に1人を応援に出せば問題は解決する（図表3-14）。

ただし、頭数が足りているとしてもスキルの詳細は確認したい。このケースでは、「P社向け装置の機構設計」に配置する3人のうち1人は必要なスキルが足りず、育成が必要な状態にあるが、当該のスキルはほかに比べて重要度が低く、作業を進める中で習熟できる見込みであることから、OJTによる育成を見越して配置している。このように育成含みで人材を配置す

図表 3-14　候補人材に対する配置の事前検証

		2024年	
		7月まで	8月以降
P社向け装置の機構設計	必要人数	3	2
	配置人数	3	3 → **2**
Q社向け装置の機構設計	必要人数	4	5
	配置人数	4	4 → **5**

1名を応援で配置

るというオプションもある。スキルデータが整備されていれば、スキル不足がプロジェクト遂行に及ぼすリスクを勘案しながら、プロジェクト全体を俯瞰したうえで人の配置をより具体的に実施することができる。

もっとも、各部署に配置を要請してスムーズに応じてくれるとは限らない。「うちの部署から人を持っていかないでくれ」「忙しいから人は出せない」と情緒的な反応で抵抗されることも大いに考えられる。

対処法として理想的なのは、配置の内容が合理的であり、全体最適であることを納得してもらうことだ。配置の根拠となるスキルデータ、および配置パターンのデータを明示し、理解を促すことで、意思統一を行いやすくなる。データドリブンで動くのが最善策だ。

AさんとBさんの相性が悪い、という感情的な理由でメンバー構成を変更するケースもあるかもしれない。スキルマネジメントではその領域にまで踏み込むことは難しいが、条件を満たした人材を絞り込めば共通認識の土台が整い、選択肢を検討できる。重要なのは、会話や議論が可能な場を用意し、全体最適なプロジェクト配置に近づけていくことである。

プロジェクト配置の事例……エクセル管理から脱して人材配置の幅を広げた設備メーカー開発部

プロジェクト配置の具体的な事例として、設備メーカーの開発部の取り組みを紹介しよう。数百名規模に及ぶ同部署ではつねにさまざまなプロジェクトが動いているが、そのいずれにおいても従業員をプロジェクトに配置するときには部署長が判断し、エクセル上で計画を立案していた。各々の業務経歴はエクセルに残っているため、データをたどれば誰がいつどのプロジェクトに配置されたかを探ることはできる。だが、現実には手間があまりにも膨大なため、新規プロジェクトの配置を計画しようとしても、過去の業務経歴の把握に至らない。結局、部署長の知識や経験に頼らざるをえなかったのが実状だ。日本の製造業には極めて多い、属人的ノウハウ頼みのパターンである。

そこで、合理的で効率的なプロジェクト配置を実現するため、スキルデータの一元化に着手した。プロジェクトへの適性を可視化して従業員の検索性を上げていくためだ。

開発部の各課は、自部署の従業員のスキルを基に配置を検討した。見つからない場合は他部署で要件を満たす従業員を検索し、要件に近い従業員を探し出すことができたら該当部署の課長に配置の要請を出す。次いで、不足しているスキルがあれば育成計画を作成してＯＪＴを実施し、育成計画が無事に完了したらスキルデータに反映させた。

このサイクルを回すことでプロジェクトは円滑に回り、データも順調にたまり、部署を横断する形での従業員の配置が可能になった。部署異動になった場合にもそのデータが引き継がれるようにしているため、どこから育成すればいいのかは一目瞭然だ。

2 異動ローテーション

主力事業の取捨選択だけでなく新規事業への人材の再配置が必須

製造業が中長期を見据えて人材の再配置を行おうとすれば、ものづくり人材のポートフォリオの変更は不可欠だ。多彩なスキルの習得に役立つ異動ローテーションの手法が今こそ求められている。

というのも製造業は主力事業の取捨選択だけでなく、新規事業に対する人材の再配置が必要な状況に立たされているからだ。脱炭素社会などのトレンドを受けて新規市場が続々と創出されている環境下にあっては、事業ポートフォリオの大胆な転換が必要になる。

あるいは、既存事業の高付加価値化によって生き残るという道もあるだろう。例えばＡＩやＩｏＴ、５Ｇのデジタル技術なども活用しながら、よりレベルの高いものづくりやサービス化による価値創出を図り、従業員に対して時代を見据えた教育や学習環境を提供していく。既存事業の推進体制を維持していくには技能の喪失を防ぎ、マルチに事業を回せる多能化の推進が必須だ。

場合によっては、既存事業が大幅に縮小するかもしれない。市場規模が中長期的に縮小することが明らかな場合には、撤退もやむなしという決断もありうるだろう。その場合には、他事業へリソースを転換するなど大胆な策が要求される。

異動ローテーションの必要性について、ある会社の企画部の担当者は「将来的な製品ポートフォリオの入れ替えを見据えて、組織の垣根を超えたローテーションの検討を開始している」と話していた。また別の会社の人事部では「スキルアップを意図した計画的なローテーションが増える傾向にある」と言及していた。

両者ともに目指しているのは従業員の成長を促す異動ローテーションだ。異動そのものが目的になってはならない。

スキルアップを意図した異動で ものづくり人材ポートフォリオの中長期的変化に対応

次の図表3-15を見てほしい。限られた人材の中でいかに職種やスキルをトランスフォーメーションしていくかを表したものだ。

とある会社が、既存のA事業に2000人を、B事業に600人を、C事業に300人の技術職の従業員を充てているとしよう。新規事業はまだ始まったばかりで従業員は100人にすぎない。

しかし、将来的にはポートフォリオは一変する。A事業は大幅に縮小し、従業員は約4分の1に減る予定だ。B事業もA事業ほどではないが縮小は避けられない。C事業の従業員は微増する計画だ。一方、将来イメージでがぜん存在感を増すのが新規事業だ。立ち上げたばかりの事業は将来的には1500人の従業員を擁する基幹事業への成長が見込まれている。

図では、職種やスキルの構成も大きく変化することに注目してほしい。全事業（既存・新規）における「機械」の職種・スキルを持つ従業員はトータルで2060人。全技術職の70%

図表3-15 人材ポートフォリオの中長期的変化を見据えて異動ローテーションを考える

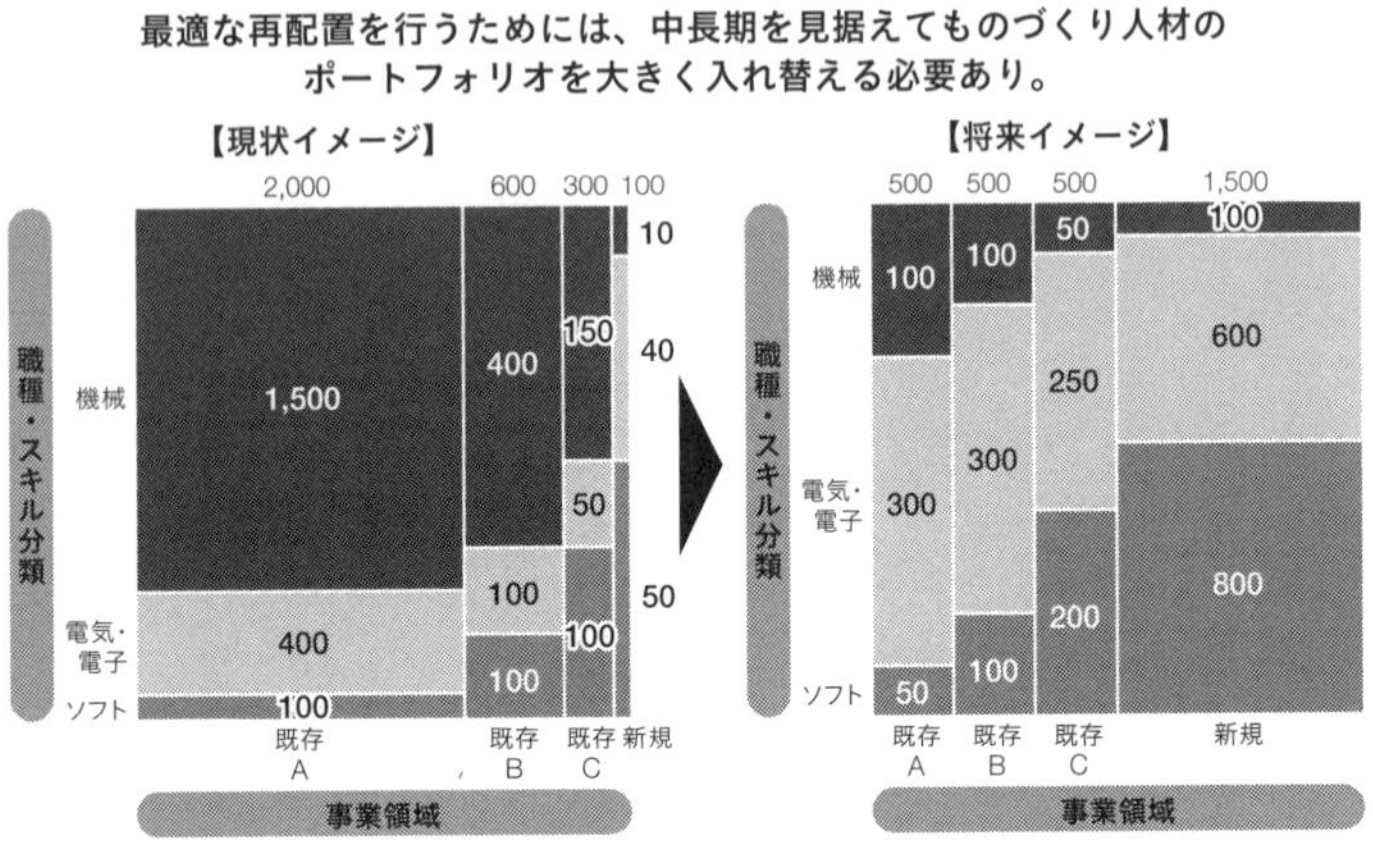

最適な再配置を行うためには、中長期を見据えてものづくり人材の
ポートフォリオを大きく入れ替える必要あり。

近くを占めている。

ところが将来的には、「ソフト」の職種・スキルを備えた従業員が急増し、新規事業においては約半数を占めるに至る。「電気・電子」の職種・スキルを持った従業員の増加も著しい。現状は全事業を足しても５９０人なのに対して、将来のイメージでは１４５０人。２・５倍に増えていく。この会社はいま機械領域に強みを持つが、将来的には電気・電子およびソフト領域に強みを移していくと思われる。

これは決して極端な例ではない。例えば自動車産業における内燃機関を考えてみよう。ＥＶ化が進めば、エンジン周りの部品関連産業は縮小を余儀なくされる。日本のＥＶ化率はほかの先進国と比べてまだ低水準にあるが、国産のＥＶが増え、選択肢とインフラがある程度整えば一気にＥＶ化が加速することも考えられる。

そうなったときに現在のリソースをどう配置していくかは企業の命運をも左右する判断だ。事業の縮小や撤退を考えているのであれば、今そこにいる従業員のキャリアパスも熟慮しなければならない。持ち前の技術力を異なる領域で発揮できるように導いていくためにも、今のうちから現実のスキルの実態をつかみたい。

明確化した人材像のスキル要件を、経験を通じて満たすよう異動を計画する

異動ローテーションを実践するうえでのポイントは、事業推進の中核となる人材像とスキル要件を明確化し、部署異動を通じて必要なスキルを習得できるようにローテーションを計画すること。この一点に尽きる（図表3-16）。

例えば、電気領域のスペシャリストを育てたいのであれば、現在そのポジションにいるベテラン人材にヒアリングするなどして、必要なスキルを列挙し、スキルデータを用いて近しいスキルを持つ候補者を洗い出していく。ここまではプロジェクト配置と類似するプロセスだ。

候補者を絞り込んだところで、不足しているスキルを明らかにし、ほかのどの部署であれば習得できるのかを探っていく。ここで重要なことは、部署ごとに得られるスキルを、共通性の

図表 3-16 コア人材育成に向けたスキルベースの異動ローテーション

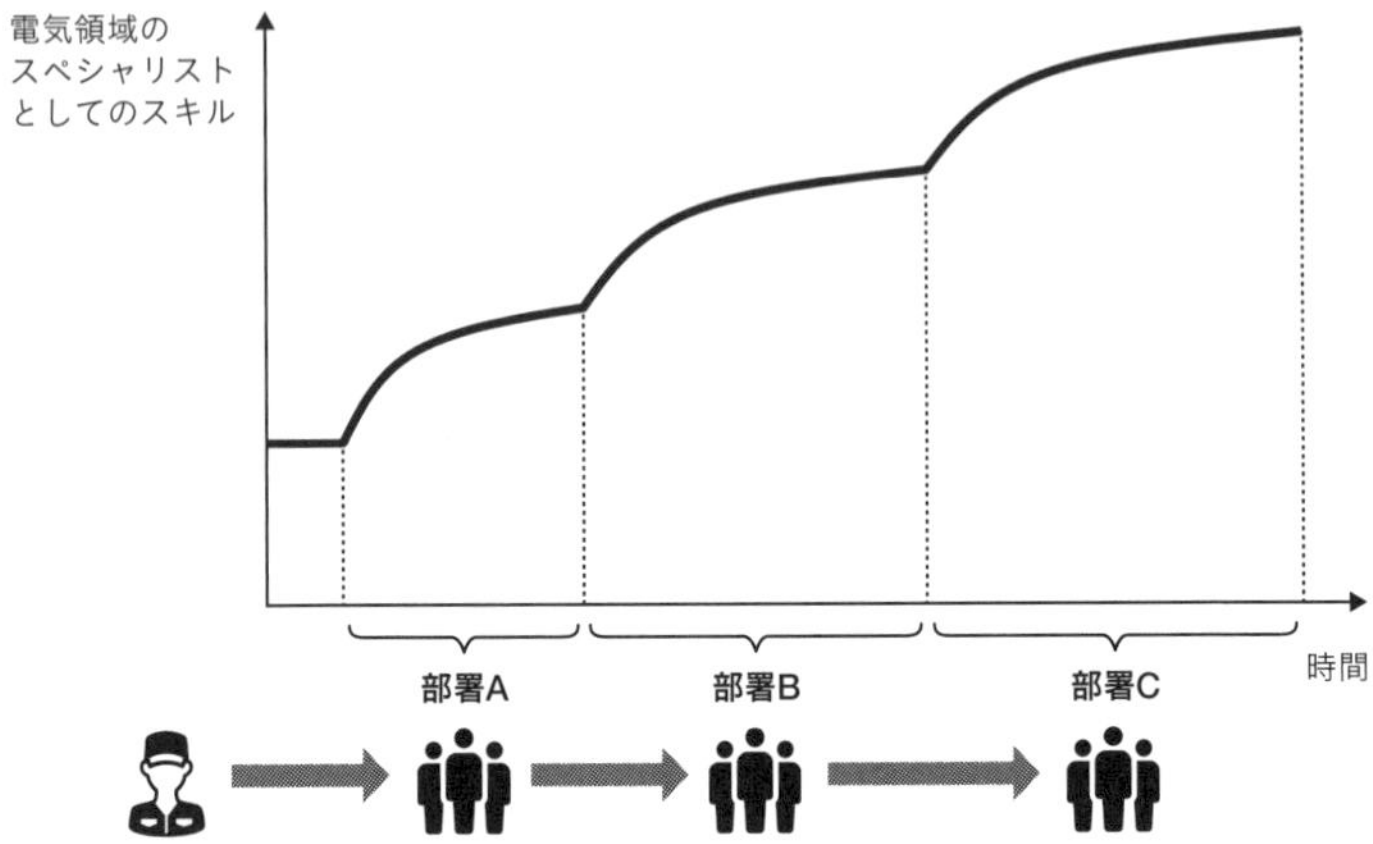

高い形で定義しておくことだ。もちろん、部署ごとに取り扱う製品や技術の知識は異なるが、電気設計の部署であれば、電気回路の要件定義や設計、検証のプロセスで求められるスキルは共通すると考えられる。こういった考え方で共通化を進めれば、ローテーション先として選べる部署の選択肢が増え、受け入れ先の調整もしやすくなる。

具体的な異動ローテーションの計画を立案するうえでは、スキルを習得する順番にも気をつけたい。不足するスキルに基礎的な内容が含まれるのであれば、まずはそこから習得できる部署に異動したほうが、広範な経験が必要とされる応用的なスキルの習得につながりやすい。また、異動する本人のキャリア志向として、ローテーションの先に目指す人材像への到達を期待できるのは当然のこと、直近に経験したい業務と異動先の業務に関連性を持たせることも、モチベーション向上の視点から重要だ。

複数のスキルを習得するにはさまざまなルートが考えられる。異動ローテーションを複数の人材や組織間で実施して、事業の推進力となる人材を増やしていこう。プロジェクト配置のところでも述べたが、人の異動には感情的な要素がどうしてもついて回る。だが、可視化した明確なスキルデータがベースにあれば、自分の部署から人を出すときも、逆に人を新たに迎え入れるときも比較的穏やかに対応できる。「彼なら新たなプロジェクトや別の部署で新しくスキルを習得してくれるだろう」「新人の彼女はここで新たなスキルを身につけスキルアップを果たしてほしい」。こうした期待値を本人とも共有しながら、データを基に異動を受け止め人材育成を図り、将来の成長基盤を構築していきたい。

Kawasaki
Powering your potential

川崎重工業株式会社
航空宇宙システムカンパニー

安定生産の基盤を築きエンゲージメントを高める人材育成に取り組む

紙の管理から脱してスキルを可視化し共有しよう

２０２１年、川崎重工業株式会社の航空宇宙システムカンパニーは「Smart-K」プロジェクトの実現のために、生産技術部門にスキルマネジメントシステムを導入した。「Smart-K」とは設計から工程、生産、実績収集まですべての業務プロセスをデジタルでつなぐ航空機製造の変革プロジェクトであり、強固なトレーサビリティの確保と生産性の向上を目的としている。

航空機メーカーは品質マネジメントシステムＩＳＯ９１００（航空宇宙）に基づいて、作業指示により適切な製造を行い、その作業記録を確実に取得し保管、必要に応じて迅速にその記録を開示しなければならない。ほんの少しの故障やトラブルが大事故につながるため、生産管理体制を厳しくする必要がある。

年々、求められる品質基準が上がり、製造工程も複雑化する中、同社の現場は長く、図面や作業指示、各種記録といった大量の情報を書面で管理し品質確保に努める「紙の管理」を続けてきた。

「部品に穴を開ける、ネジを締めるといった細かい作業の一つひとつに至るまで、すべて紙の指示書で動いていました。しかしこれは、人が書いた指示書を人が読むという性質上、ヒューマンエラーが入り込むおそれがある。そこで、単にペーパーレス化するのではなく、作業に必要なスキル／資格を作業指示と関連付け、管理のロバスト化を図りました」（航空宇宙システムカンパニー 航空宇宙生産本部 生産企画部生産企画課 基幹職 服部一隆氏）。

具体的には、スキルマネジメントシステムによって公的資格や社内規定による資格など従業員の持てるスキルを細分化して見える化し、各作業に紐づけた。資格がない、あっても有効期限が切れていると作業に従事できない厳格な仕組みである。

まずは生産技術部門でスモールスタートを切り、成果を確認した後、２０２２年から航空宇宙システムカンパニー全体への導入に踏み切った。

「ＩＳＯ９１００の中には力量管理という項目があり、力量管理実施が求められています。その実行は、部門ごとに行っていたため、その力量設定は共通化されておらず、人が異動すると再度その部門で設定を行うことになっていました。しかし、その管理手法でも要求を満足できていましたので、新しいシステムへ導入に疑問を持つ人は正直いましたね。そこで各部門に現状の管理の問題点を明確に伝え、理解してもらいました。人手による管理のため、監査対応に膨大な時間を費やしていること、スキルを定量的に分析し共通化できればスムーズな人員計画や多能工化も可能になるといった利点を強調して説得を図りました」（服部氏）。

航空宇宙生産本部
生産企画部生産システム課
川妻貴雄氏

スキルマネジメントの旗振り役を務める生産企画部では、各部署に対し、力量（スキル）の共通化を徹底して行った。ある力量のレベルが1なのか2なのか。その条件や粒度は部署によって異なる。各部署の評価には現場を熟知しているからこその信頼性があるが、一方で、より信頼性の高い評価を行うためには評価方法の共通化も必要だ。スキルや資格の判定基準を明らかにして、どの部にどんなスキルを持った人材がどれだけいるのかを可視化するため、各部署での人材育成のやり方を調査し、教育資料も分析してベースとなるスキルとそのシラバスの共通案を作成した。理解が得られるまでやり取りを重ねて、スキルマネジメントの土台を作り上げていった。

「スキル設定の粒度の基準が統一できず、共通化できなかったスキルが残っていますが、今はこの手法実行を進めるほうが先決。押し付けるのではなく、実際にシステムを利用してスキルマネジメントのメリットや将来計画利用について知ってもらい、共通化は必須という意識を自然に芽生えさせたいですね」（生産企画部生産システム課 主事 川妻貴雄氏）。

多能工化の先にある目標はエンゲージメント向上

そもそも同社がスキルマネジメントを導入した大きな目的は多能工化にある。

「航空機は受注から納品まで年単位の期間を経て完成するため、製造には山と谷が発生します。時期によって忙しい部署とそうでない部署が顕著なんですね。でも、複数のスキルを備えた多能工が増えれば人材を計画的に配置できます」（服部氏）。

コロナ禍で落ち込んだ航空機需要は急速に回復し、生産数も急激に増加しているが、人員の確保は容易ではない。肝心の人手がまったく足りていない。この空前の人手不足への対応にもスキルマネジメントの効果が期待されている。スキルや資格、教育データを部署を横断して一元管理できれ

航空宇宙生産本部
生産企画部生産企画課
服部一隆氏

ば、不足している人材に要求されるスキルや資格が明確に見えるようになり、そのスキルや資格を取得している人材を的確に把握し配置することができる。

スキルマネジメントを通して貴重な技能を伝承する計画も進行中だ。

「航空機は車と違って40年以上使い続けます。40年前の製造時の知識やある部品に特有な『癖』に精通した熟練工の技能が必要になる場面は必ずある。スキルマネジメントを通して失われそうな技能や力量を洗い出して伝承につなげていきたいと考えています」(川妻氏)。

複数の分野を網羅する多能工を育成し、最適な人材配置に努め、貴重な技能を伝承する。さらにその先にある目標が従業員のエンゲージメント向上だ。「今後1、2年の活動は2本立てで考えていまして、1つはすでに定着してきた運用が各部署でより自走するように支援すること、もう1つが、個人のキャリア形成にもスキルマネジメントの活用度を高めることです」(服部氏)。

先輩のようなキャリアを築きたい。そう考えてもこれまでは、その先輩がたどってきた道筋、持っているスキルや力量は外からは見えない状態だった。だが、スキルマネジメントシステムを活用すれば、同じ道筋をたどる、あるいは異なる道筋で同じスキルを身につけるキャリアパスを形成しやすくなる。従業員一人ひとりの納得度はぐんと高まるだろう。

「スキルマネジメントはマネジメント層だけのものではありません。成長実感を持ってもらえるように従業員を育成し、エンゲージメントを高められる企業風土をつくっていきたい。将

右から川妻氏、服部氏、生産企画部生産システム課 清家嘉昭氏。
後ろは同社製造の T-4 ジェット機

来的には業界を超えてスキルを共通化する時代がやってくると思っています。そのときまでに『どこでも通用するスキルを持っているが、ぜひこの会社で働きたい』と思ってもらえる会社にするのが目標です。ベースはほぼ完成したので後は進んでいくだけですが、ここまでやれば完璧ということのない活動でもあるので、試行錯誤を続けていきたいと思っています」（服部氏）。

第4章

現場業務における スキルデータの応用方法

前章で人材マネジメントにおけるスキルデータの活用方法を紹介した。続いて、本章では前章の内容を踏まえ、より開発や生産の現場業務に沿った切り口で、スキルマネジメントのさらなる実践場面を解説していきたい。主要な場面は以下のとおりだ。

●現場業務におけるスキルデータの応用方法

1．**品質維持・強化**

（1）作業スキル担保（2）ＱＭＳ力量管理の効率化・徹底

2．**生産性向上**

（1）予知保全（2）作業応援

3．**安全確保：**

安全衛生教育

4．**技術革新：**

技術コラボレーション創出

以下、順を追って解説しよう。

1 品質維持・強化

1 作業スキル担保

必要なスキルを身につけていない従業員が作業をしていないか

作業スキル担保について解説する前に、参考として、製造業における製品事故の件数や品質トラブルの原因に関するデータを見ておこう。経済産業省の「2021年製品事故動向について（データ集）」によれば、2021年に国内で報告された重大製品事故（死亡・重傷・火災・一酸化炭素中毒・後遺障害）の件数は1042件に上る。2012年から2016年ごろまでは減少してきたが、その後増加傾向にあるようにも見える。もちろん、これらすべての事故が

図表4-1 作業スキル担保：製品事故の件数と原因

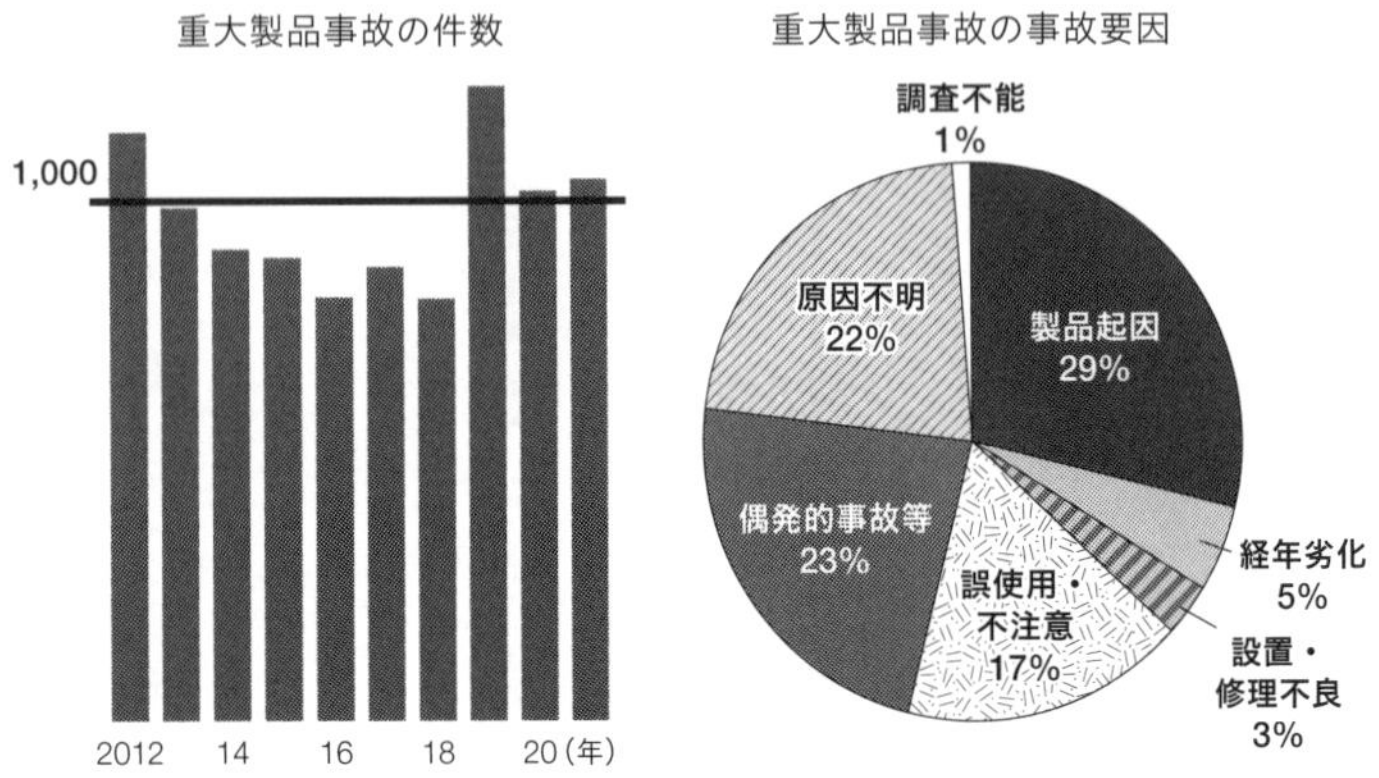

出所：経済産業省「2021年製品事故動向について（データ集）」より弊社作成

製品の品質に関連するものではない。

しかし、２００７年から２０２１年までの事故要因別の分類によれば、経年劣化や設置・修理不良、誤使用・不注意、偶発的事故などを除く製品起因の事故が29％ある。やや乱暴な見立てだが、毎年３００件ほどの重大事故が、製品の品質が十分でないことにより発生していると言えそうだ。重大事故に至らない軽微な事故、事故発生前のリコール、工場からの出荷前に差し止められる製品不具合も含め、品質トラブル全体で考えれば、相応の数が発生しているはずだ（図表４－１）。

品質トラブルが生じる原因については、経済産業省の「２０１９年版ものづくり白書」に興味深いデータが出ている。最も多かった回答が「従業員教育の不足」（62・２％）。これに「従来慣行への依存、馴れ合い」（47・０％）が続く。

1位に挙がった「従業員教育の不足」とは、必要なスキルを身につけていない従業員が作業に当たっている、ということだ。品質トラブルを招かないためには、その従業員が業務に任せるのに値するのか否かをスキルとして認定する方法が要る。

弊社も顧客企業から同様の声を聞いている。ある会社の製造部では「製品検査時に不具合が見つかると大きな手戻りが発生するため、必要なスキルを持った従業員のみが作業に当たれるようにスキルデータに基づいた管理をしている」と話し、別の会社における保全部の担当者は「保守や点検の作業に対して社内資格を認定し、業務を割り当てる基準としている。社内資格認定の際には品質教育の受講や業務知識、公的資格の有無を総合的に加味し、判断している」と語っていた。

人が足りないために、過去に同様の仕事をしていてスキルがあると思われる従業員を、記憶頼りで探して生産ラインに立たせたものの、実際には腕が鈍っていたり、経験不足が露呈したりということがある。こうしたトラブルを避けるためには、作業スキルの認定基準を設定し、作業時における資格保有の判定方法を明確に設定していく必要がある。時間が経過し、スキルが失効しているにもかかわらず作業ができてしまう事態は避けたい。

まずは業務に当たる人のスキルをしっかりと管理し、とくに重要なスキルについては認定資格として、有効期限の管理に加えて更新教育を行う運用とする。このスキルマネジメントの一歩目が実現すれば、作業開始時にスキルデータをチェックする仕組みをつくることも可能だ。実際に、こうした発展的な取り組みを行う企業は確実に増えてきている。

スキル習得を条件に作業資格を認定し モニタリングも実施

作業スキルの認定にスキルデータを活用する流れは次のとおりだ。

最初に、さまざまなスキルの習得を条件として明示し、工程ごとの作業スキルを認定していくことから始める。定期的な教育の受講などを条件に期限を設けて作業スキルを認定すれば、作業の品質を一定水準に保つことができる。例えば、社内で「研磨作業」の工程のスキルを認定するために、2年ごとに認定更新教育を義務づけたとしよう。過去の教育履歴を参照すれば、誰がいま認定更新教育を完了していて、「研磨作業」に携わることができるのか、またはできないのかが明らかになる。有効期限が切れそうな作業スキルにはフラグを立てて、更新を促せるようにしたい。作業スキルのうち、とくに重要で認定条件が複雑なものについては、独自の社内資格として制度化し、より厳格に認定していくことも有効だ。

さらに、こうした作業スキルの日常的な運用も工夫できるとよい。例えば、始業時や作業者の交代時に、スキルデータを基に担当者が必要な作業スキルを有するか、有効期限が切れていないかを確認する。万が一、作業スキルの不足が明らかになった場合には、即時に担当者の作業を禁止し、作業スキルを有するほかの従業員を検索・配置できるようにしておくことが重要だ。製造業において、製品の品質維持・強化は生命線であり、すでにさまざまな角度から取り組みが行われている。スキルデータの活用によって、その取り組みをより盤石なものとしてもらいたい。

作業スキル担保の事例1
漏れのない資格管理を実現した電子機器メーカー製造部

事例として2つの会社の取り組みを紹介しよう。1つ目は、システムの活用によりスキルデータの運用にかかる作業負荷を大幅に低減しつつ、漏れや遅延のない資格の更新教育を実現した電子機器メーカー製造部だ。

従来この会社では、スキルマップを作成・更新し、期初に計画を立てて期末のチェックを行うまでの一連のプロセスに膨大な時間を割いていた。というのも、工程におけるスキルの数は500種類を超えており、また社内認定資格が数十種類と非常に多く、しかも認定資格の大半に有効期限と更新教育が設定されていた。管理が煩雑なため、更新教育の漏れや遅れが生じ、加えて更新教育を受けていない従業員がそれに気づかずに製造や検査などを実施しかねない状況にあり、品質低下のリスクを抱えていた。

そこで、公的資格や社内認定資格、それらに紐づく教育のデータをシステム上で一元管理し、有効期限を可視化して、自動アラートで更新教育のタイミングが認知されるようにした。結果、スキルマネジメントシステム導入後には手間が半減し、品質事故や不良による手戻りを抑えることに成功している。部門当たりで年間数十件発生していた更新教育の漏れや遅延はゼロになった。

作業スキル担保の事例2

スキルマネジメントシステムと製造実行システムを連携した川崎重工業・航空宇宙システムカンパニー

もう1つの事例はコラムでも紹介している川崎重工業のケースだ（168ページ）。より高度なトレーサビリティをグローバル基準で再構築することを目的に同社が推進している航空機の革新生産プロジェクト「Smart-K」において、製造実行システムとスキルマネジメントシステムを連携させて、品質管理を強化している。

システム連携の狙いは従来のＱＭＳ力量管理の効率化や品質管理・トレーサビリティの強化に向けて、スキルデータの運用をデジタル化することにある。デジタル化以前は紙ベースで従業員の（狭義の）スキルと資格を管理していた。ただし、不良品の発生、必要なスキル・資格の習得漏れや更新の遅延があったわけではない。品質管理は厳格に行っていたが、より確実性の高い体制とリアルタイム性を追求して紙ベースからデジタル化を図り、スキルマネジメントシステムの導入に踏み切った。

まずは作業者のスキル・資格をデータ化し、その情報を作業指示に連携して、作業開始時には作業員に必要なスキル・資格があるのか否かをリアルタイムで確認・判定できるようにした。作業員はこの工程に求められる作業スキル・資格を保有しているのか。作業日に資格の有効期限が切れていないのか。作業に必要な情報をシビアにチェックし、もし作業スキル・資格が十分でない場合には作業に関与できない。特定のスキル・資格がなければ製造に携われない具体的な仕組みの構築まで進んでいる企業はまだそう多くない。同社の事例は極めて先端的だ。

そこまで自分たちはできない、と思われる読者も多いとは思うが、川崎重工業も社内に何百とあるスキル・資格すべてをSmart-Kと連携して管理しているわけではなく、必要なスキル・資格に絞って管理している。現場で作業を見れば習熟度を把握できるシンプルなスキル・資格もある。有効期限がないものや再教育の必要がないものもある。重要性を判断しながら運用し、つねに改善や見直しを続けている。

作業スキルを継続的に担保する

製造業には、作業スキルを持ちながら現実には使っていない「ペーパードライバー」が意外に多い。具体例を挙げれば「はんだ付け」だ。ある会社ではペーパードライバー化を防ぐために、2年に一度は更新教育として実技の機会を設け、出来上がりの品質を見ることで技能が落ちていないことを確認している。場数を踏まなければ「はんだ付け」の腕は落ちていく。作業スキルの期限や精度を定期的にチェックする機会を設けたい。

新しいテクノロジーや設備、機械の登場で生まれてくる作業スキルも多い。例えば、医療機器分野では検査に用いている機械が新しくなれば作業手順書が変わり、資格をもう一度取り直さなければならない。現在認定している作業スキルは有効であり、引き続き通用するのか。スキルデータを活用して継続的に確認していきたい。

2 ＱＭＳ力量管理の効率化・徹底

監査の負担が大きく不備も生じやすい

第2章で述べたように、ＩＳＯ監査や顧客監査の実施時に発生する工数の負担、またＱＭＳで求められる力量管理を日常的にエクセルや紙で行うことにより発生する工数の負担は非常に重く、データの不整合による不備も生じやすい。弊社の顧客企業からは深刻かつ切実な声が多数寄せられている。ある会社の製造部からは「これまでＩＳＯ監査のために力量管理を行ってきたが、管理項目は古くなっており形骸化した運用になっている」と聞いた。すでに処分してしまい、現場からは姿を消した装置に関するスキルの項目がなぜかそのまま放置されているケースも多いという。

同じ会社の品質保証部ではやはり力量管理について「非常に工数がかかり大変だ。教育訓練記録の不足や不備を指摘されてしまう」と話している。ＩＳＯ監査や顧客監査を通すためには従業員のスキルの有無を確認し、膨大な教育訓練記録などの各種データに整合性を持たせなければならないが、現状のままでは適格な帳票を迅速に出力し、提出することが困難だというのだ。

スキルデータを一元化してQMS力量管理の工数を削減する

QMS力量管理や監査対応に伴う工数に関する問題を平たくまとめてしまえば、「作業が煩雑すぎる」という点に尽きるが、適切な方法でスキルマネジメントができるようになれば、データ同士の整合性を確保しつつ、データの蓄積にかかる工数や提出帳票の準備工数を削減できる。作業としてはかなり楽になるはずだ。

進め方としては、スキルの項目別に、関連するあらゆるデータを紐づけ一元化し、つねに矛盾のない最新のデータを閲覧できるようにする。具体的には、スキルを保有する従業員、その従業員のスキルレベル、スキルの習得日や有効期限、将来習得するスキルレベルの目標、目標に向けた育成計画やその実施記録などが、すべてスキルの項目の下に名寄せされ、相互に参照できることが望ましい。

例えば、若手のAさんが「素材切断」のスキルのレベル3を保有していたとして、それをベテランのBさんが特定のカリキュラムを使って指導したことや、上司のCさんが今年の5月に認定したことなどがわかるようにする。

　このようにデータを蓄積できれば、自分が目をかけている部下のレベルを故意に上げたり、逆に下げたりといった事態も抑止しやすい。同じようなデータがあちこちに点在していたり、古いデータが残っていたりすることもない。現実をそのまま映した正しくフレッシュなデータを通して帳票を生成すれば、ＱＭＳ力量管理や監査対応の業務負荷が減り、ほかの業務に人を割り当てやすくなる。監査実施時に監査員や顧客の求めがあった場合には、即座に帳票を提出できる。事故・トラブルの発生時にも、誰がスキルを認定したのかをトラッキングし、事実確認をすることで、迅速に対応策を練ることができる。

ＱＭＳ力量管理の効率化・徹底の事例1

教育プロセス管理を実装し監査指摘をゼロにした大手素材メーカー

　ＱＭＳ力量管理の効率化・徹底の事例として紹介するのは、ＩＳＯ９００１などに準拠した教育プロセス管理をスキルマネジメントシステムに実装することで、監査指摘をゼロへと導いた某大手素材メーカーの取り組みだ。

　同社は監査時に、教育計画が実行されていないだけではなく、適切な教育結果も記録されていないという指摘を複数回受けていた。教育プロセスの改善を検討していたが、従来のエクセルを使った手法のままではデータ管理も運用も煩雑になりすぎる。対応策について頭を悩ませていた。

検討を重ねた結果、同社は監査基準を満たす教育プロセスをシステム上で実現し、課ごとにスキルマップを作成。各課長は毎月スキルマップの記録を作成し、総務部はこれを確認し承認している。育成計画が適切に運用されていることを確認できる仕組みが整ったわけだ。不適切な運用だと総務部が判断した場合、課長に改善を依頼すると同時にサポートを行い、改善に向けたアクションを実行する。育成に関しては作業リーダーが作成し課長が承認した計画を、OJTリーダーが実施する運用に統一した。その結果はOJTリーダーから作業リーダーへ、さらに課長へと報告が上がり、承認を受けていく流れだ。実施に伴って教育訓練記録が自動的に保存される仕組みである。

施策の効果は大きい。一番は、システム上で作成した記録をそのまま監査に使えるようになったことだ。ISO監査のたびに多数の指摘を受けていたが、スキルマネジメントシステムの実装後はISO9001などの教育管理分野での監査指摘はゼロだ。もう指摘を受けて右往左往することもない。

QMS力量管理の効率化・徹底の事例2

スキルデータの運用モデルの横展開により大幅な工数削減を実現した大手製造業

2つ目の事例として紹介するのは、一部の部署でスキルマネジメントシステムの実装を開始し、運用モデルを検証したうえで、事業所全体に拡大した某大手製造業の取り組みである。

1つ目の事例と同様、同社においてもISO準拠のための業務が煩雑になっており、毎年多大な工数が発生していた。具体的には、従業員ごとの保有スキルの棚卸しと教育訓練計画の策定、受講状況の確認、教育訓練記録の作成・承認、監査対応といった作業が挙げられる。四半期ごとに、教育訓練計画と教育の受講状況、スキルの更新状況の整合性を確認していた。こうした工数を事業所全体で集計すると、実に1000人日を超えていたという。

工数削減を図るため、同社では、まず数カ所の部署で試験的にシステムを活用し、従業員の保有スキルと教育訓練計画・記録の紐づけを開始。教育の受講状況が、部署ごとのスキルマップから確認でき、つねに最新の保有スキルや記録が参照できるようにした。教育訓練計画上でどのような項目を管理するのか、誰が保有スキルを評価・承認するのかなど、細かくスキルデータの運用方法を検討しながら、運用モデルの構築を進めた。その後、事業所に数十あるすべての部署を巻き込み、運用モデルを検証。あらゆる部署で再現性があり、実運用に耐えることを検証した。

結果として、事業所全体でＱＭＳ力量管理に関わる工数を7割ほど削減できた。日常的にスキルデータの運用を効率的に進められるようになり、育成や配置といったほかの業務にもスキルデータを積極的に活用できるよう、さらなる取り組みを進めている。

2 生産性向上

1 予知保全

生産設備は故障リスクを内包している

設備の老朽化が目立つ製造業において保全活動は深刻な問題だ。設備が古くなるとある日突然故障が起き、ライン停止を余儀なくされて大きな損害が発生するリスクがある。

経済産業省がまとめた「2020年版ものづくり白書」には生産設備導入からの経過年数に関するデータが掲載されている。導入から15年以上が経過している金属工作機械は約45%、鋳造装置は約50%。第二次金属加工機械に至っては70%弱が15年以上経過し、そのうち30年以上前に導入した機械が30%強を占めている。2018年の調査なので数字としては少し古いが、製造業の実態を映し出しているデータではないだろうか。

もちろん、新しい設備でもダウンタイムは発生する。弊社社員が以前勤めていた会社では、製品の組立ラインに自動組立の設備が導入されていたが、故障が多すぎて生産に悪影響が出たため、稼働がストップされることもあったという。

もしラインが停止したらどれほどの損害につながるのだろう。自動車や物流業界などものづくりの情報に特化したポータルサイト・MONOistの2021年の記事では、自動車の製造業を例に取り、1分間の稼働停止による損失は2万2000ドル、稼働停止が1時間続けば130万ドルの損害が生まれると試算していた。日本円に換算すると2億円近い金額だ。中には1分間の稼働停止で5万ドルもの損害が出る工場もあるようだ。

ラインが止まれば出荷予定の製品が出せなくなり、復旧には新たなコストが発生する。その間、本来であれば作業できる従業員も空いてしまうため、人件費のロスも大きい。古い設備のメリットとしては「使い慣れている」点が挙げられるが、損失を生むリスクへの対策も必要だ。

不具合の兆候を察知する「予知保全」のメリットは大きい

とはいえ、設備を一新するのはコスト的には簡単ではない。コストを抑えつつリスクを避けることが必要であり、そのための現実的な解決策の1つが、スキルデータの予知保全への活用だ。予知保全と似たような言葉に予防保全があるが、予防保全とは設備の稼働期間や総稼働時間、総作動回数などを基準にして、あらかじめ保全を行うタイミングを決め、予定どおりに保全業務を行う手法だ。対して予知保全とは、設備の稼働状況を常時監視して、設備に不具合が発生する兆候を察知し、察知した情報を基に保全業務を行う。予防保全の一部であり、予兆を基準に行うため予兆保全と呼ばれることも多い。

計画的に行う予防保全と比べると、予知保全はより先進性が高い。予防保全を頻繁に行えば故障のリスクは軽減できるが、設備が停止しているダウンタイムが増え、生産性が落ちかねない。一方、設備が故障する直前に予兆を察して保全を適切に行う予知保全ならダウンタイムを回避できる。

設備在庫や交換時期を最適化できるのも予知保全の見逃せないメリットだ。交換用の部品在庫を多く持つことは安全安心策には違いないが、在庫コストがかさむ。その点、予知保全であれば部品をより寿命に近いところまで使い切ることができる。

予知保全には保全工数を最小化するメリットもある。実際の保全にかけるマンパワーが極小化されるのだ。予知保全がうまく進めば故障自体を回避できるため、1回当たりの保全時間を短縮できる。予防保全は予兆が出ていない場合でも設定されたタイミングで保全を行うが、予知保全は予兆が出てから行う保全策。保全工数を削減できる。

一方で、ピンポイントで故障の予兆を探る予知保全には難しさもある。高機能なＩｏＴシステムの導入が必要になる場合もあり、データの解析も不可欠だ。予兆が起きたときに保全を実施するか否かの判断基準も個別に設定する必要がある。取得すべきデータは何か。データを得たらどのように解析すべきか。分析結果からいかにして保全を実施するタイミングを計ればいいのか。こうした前提の下、設備ごとに適切なスキルを有した作業員が、迅速に保全作業に当たることが求められる。

このように予知保全には難しさもあるが、実践できればメリットは非常に大きい。スキルデータを予知保全に活用すれば、さらにメリットが加わる。例えば作業員の配置を支援することが可能になる。それにはまず、設備保全に必要なスキルを保有する作業員の数を一覧化する。レベルの分布や具体的な保有者までを可視化することで、作業員が不足する領域を特定し、事前に育成を進められる。いざというときに対応できる作業員がいないという最悪の事態を避けることができるはずだ。

故障予測と保全スキルデータを統合して保全作業員の配置も行う。設備から「壊れそうだ」という信号が出たら、故障を直せるスキルを持ち、すぐに対応できる候補者を探し出して作業指示を出し作業に割り当てる。設備が多様で、必要なスキルが多岐にわたる場合は、あらかじめ設備ごとの保全作業員を社内資格として定義・認定しておくことで、迅速な検索・配置が可能になる。これなら壊れる前に素早く設備を修理できる。最小のダウンタイムで設備をより長く稼働させる効果策だ。

2 作業応援

クイックに適切な応援人員を選定することが難しい

昨今の半導体不足に代表されるように、ものづくりの需要には社会情勢や業界特性を反映したむらが出るため、製造業では作業応援を通じて需要の低い製品から高い製品への開発・生産へと一時的に工数を集中させる場面は多い。また、予期せぬトラブルを早急に鎮火し、顧客と約束した出荷日程を守るという点でも、作業応援の実施は重要だ。企業は応援体制を整えることで稼働の平準化を試みてはいるが、どこも応援人員の選定には苦慮している。そもそも部署ごとの欠員数を把握するのが難しく、欠員に対する適切な代替人材も簡単には確保できない。

この傾向はとりわけコロナ禍を通して強まったようだ。従業員が新型コロナウイルス感染症の濃厚接触者や感染者となることで、突然かつ一定期間の欠員が発生し、現場業務が回らなくなってしまう。こうした経験は、読者の皆さんにも大なり小なり覚えがあるのではないだろうか。

弊社の顧客企業も需給バランスの調整の難しさを挙げていた。ある企業の製造部の担当者は「年間を通して製品需要の変化が激しく、時期によって忙しい工程が変わる。稼働の平準化が難しい状態にあるため、組織間の応援を頻繁に行っている」と語る。別の会社の製造部では、コロナ感染による影響が大きく、「感染で急な欠員が出たときに応援対応の大切さを学んだ。まずはエクセルで検討しようとしたが一覧性に欠け、応援に適した人を探すことができなかった」とこぼしていた。

応援はたびたび実施しているが、誰がどこに応援に行ったのかが記録に残っていないため、効果があまり出なかったと話すのはとある会社の開発部のスタッフだ。「部門間でちゃんと相互に助け合えるような応援の仕組みづくりをしたい」と意気込みを語ってくれた。

需要の繁閑差自体を企業が調整することは不可能だ。変化する需要に対応できるような体制を整えていくしかない。とはいえ、組織間で人を動かすにしても適正な人材を選定する土台がなければ動きようがない。

工程や作業別スキルの充足状況をデータで把握し応援人員を選定

解決策としては、スキルマップを土台として工程や作業別スキルの充足状況を可視化する。これによって、応援に向かう人材を選び、必要な現場にすぐに配置できるようになる。

そのために、部署における現状の人材に対してスキル単位で不足数を把握することから始めることをお勧めする。製造部で組立を担当するチームを例にとると、「電子部品のはんだ付け」や「完成品の組立」といったスキル別に必要なレベルや人数を設定し、現在の保有者数との差を見ていく。集計の結果、「マイナス1」という数字がはじき出されたら現状は1人不足しているということだ。中長期であれば育成という方法で対応できるが、今すぐにこのスキルで応援が必要な場合、人を送り込まなければ組立ラインが止まってしまうかもしれない。それを避けるにはできるだけ早くマイナスを埋められる人材に当たりをつけることだ。

そのうえで、ほかのチームのスキルマップをチェックすると、品質保証チームのAさんとB

さんが必要なスキルを保有していることがわかった。この2人を応援に送り出すと仮定して、組立チームのスキルマップに組み込めば、マイナスがゼロになり、応援体制が整うことを確認できる。2人が応援先で仕事をこなせることはスキルデータが証明済みなため、安心して仕事を任せることができるわけだ。こうした検討結果を基に、チーム間で合意を取ることで迅速な応援対応が可能になる。

作業応援の事例　ライン稼働率の向上に成功した設備メーカー製造部

作業応援の事例としては設備メーカーの製造部の取り組みを紹介する。この会社では生産ラインごとに作業者のシフトを作成していたが、作業者の休暇予定を考慮して応援体制を組んでいた。また休暇予定の作業者の代わりに応援人員を配置していたものの、複数のスキルマップを見比べながら検討しなければならず、シフト作成担当者に大きな負荷をかけていた。

応援検討業務の属人化も同社が抱えていた課題の1つだ。担当者が在席していればことはスムーズに運ぶが、不在時には応援対応が遅れてしまう。このようにいくつも課題が重なった結果、応援対応が非効率になっていた。

図表 4-2　作業応援の施策でライン稼働率の向上に成功

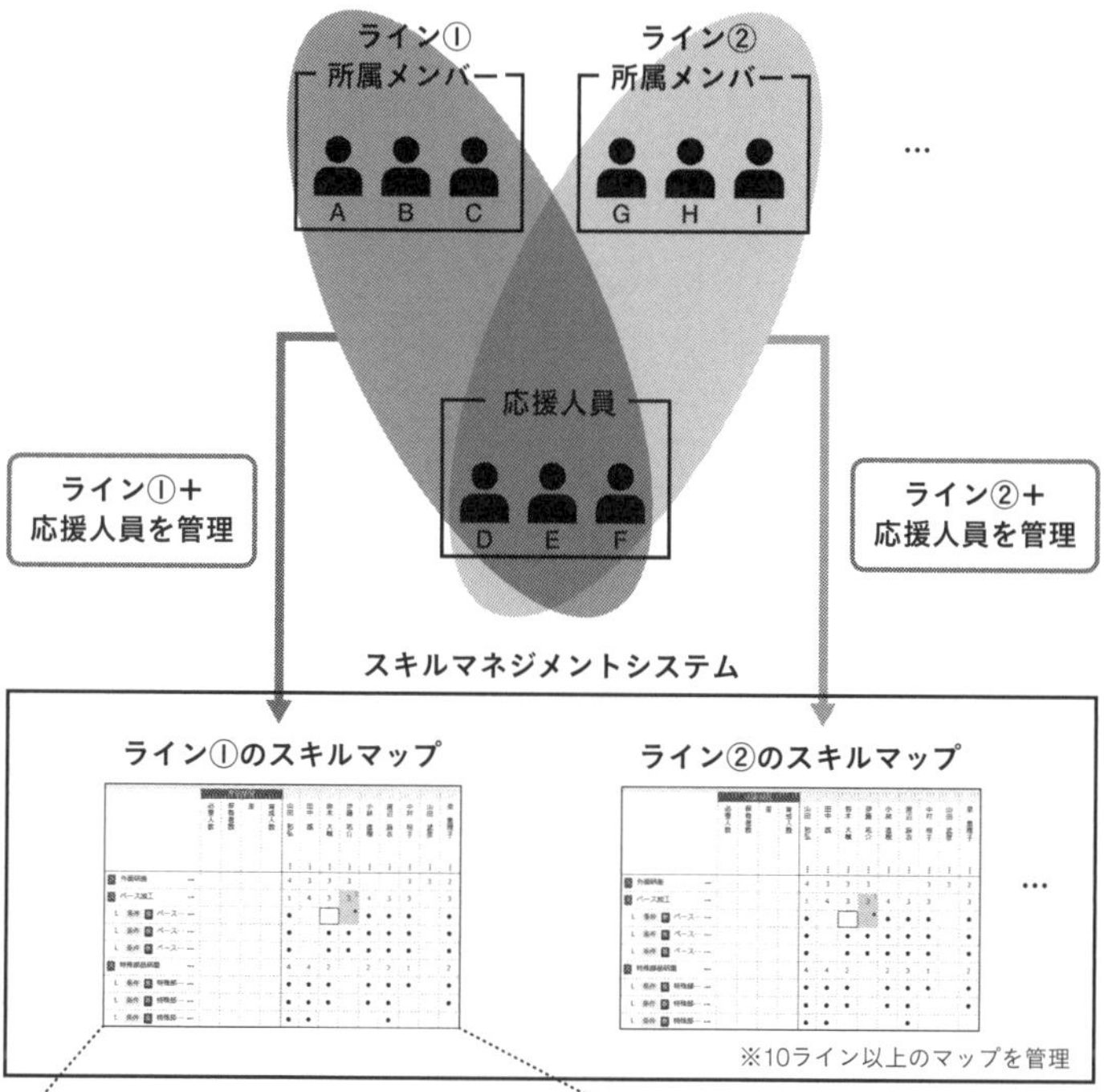

		ライン所属			応援人員		
		Aさん	Bさん	Cさん	Dさん	Eさん	Fさん
○○工程	作業1	○	—	—	—	—	○
	作業2	—	○	—	—	—	○
	作業3	—	—	○	—	○	○
△△工程	作業4	—	—	—	○	○	—
	作業5	—	—	—	○	—	—

作業2を担当しているBさんが休みの場合、応援人員FさんをアサインすればOK
⇒スキルマップ上で簡単に把握可能に

出所：弊社顧客企業へのヒアリング

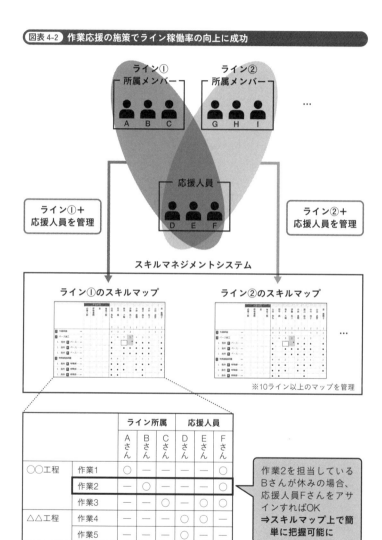

同社が行った施策は図表4-2のとおりだ。問題解決のために、複数のラインで別々にエクセルで管理していたスキルマップをシステム上で一元化し、ラインごとのスキルマップに応援人員も追加して、応援が必要な場合にはスキルベースで適切な応援人員の選択ができるように設定した。

スキルマネジメントシステムでは十数ライン分のスキルマップを管理している。ライン①のスキルマップの詳細を見ると、作業ごとに誰がライン所属で誰が応援人員なのかを確認できる。もし作業2を担当しているBさんが休みなら、応援人員のFさんを配置する。これでラインが止まる心配はない。もちろんFさんが所属している部署を一時的に抜けても問題がないことを確認したうえで応援に行ってもらうことが重要だ。

このように、いざというときに慌てずラインが停止することがないように事前にスキルマップで代替人材候補を登録し、比較検討しておくことも有効だ。

3 安全確保：安全衛生教育

安全衛生教育を実施し安全を確保することは製造業の責務

労働安全衛生法の規定により、企業は労働災害の危険をはらむような業務に携わる全従業員に対して講習や教育を継続的に実施することが求められている。事業場で行うべき自主的な教育、訓練は多岐にわたる。安全衛生講習会や安全衛生大会などの実施、消火訓練や避難訓練、ＯＪＴの実施、安全朝礼などの実施のほか、作業現場ごとにＴＢＭ（現場作業などで危険を回避するために行われるミーティング）やＫＹ活動（現場作業における危険予知活動）を行う必要もある。安全衛生パトロールを実施する義務、ヒヤリ・ハット事例や安全衛生対策を周知徹底する義務も課せられている。

わかりやすい例がクレーンやフォークリフトだ。運転するには特別教育を受けなければならない。しかも、一度教育を受けたら終わりではなく、5年ごとの再教育が推奨されている。

安全衛生教育を徹底することは、労働災害防止のための責務だ。最悪の場合に従業員から死傷者が発生するため、ルールを遵守しない企業は刑事処分の対象にもなりうる。実際に、秋田県のある企業は安全に関する特別教育を受けていない従業員にクレーンを運転させたことが発覚し、秋田地検に書類送検され、メディアでも報道された。安全衛生教育に抜け漏れがある状態では、言うまでもなく企業の社会的信用が失墜するうえ、従業員も安心して業務に集中することができなくなってしまう。安全衛生教育に必要なのは「罰則を受ける」からではなく、「事故発生を何としても防ぐ」という厳然たる意識に基づいた行動である。

もちろん、製造業の現場をよく知る弊社の感覚としては、製造業は基本的にどの会社も真剣に安全を追求している。工場に足を運ぶと、「◯日間無事故達成」や「ヒヤリ・ハットの事例」の掲示をしている場面をよく見かけるが、それらは自分たちを戒め、現場で働く従業員の安全実現に取り組んでいる証左だ。安全確保に対しては皆、特別な思いを持っている。一方で、そうした思いが業務の忙しさの中に埋もれてしまっていることが、まったくないと言い切れるか。実は不安に感じている読者も一定数存在するのではないかとも考える。

ある大手企業の保全部からはこんな声を聞いた。

「改めて安全衛生教育を徹底し、一つひとつの業務を正しく安全な手順でやりきることで労災をなくしたい」

スキルデータを基に教育未受講者・資格失効者を一括検索し、安全衛生教育計画を立てる

労災をなくす。そのためには、スキルデータを活用して安全衛生教育の受講漏れを防止すると同時に、危険・有害な業務に関する資格の失効やその認定・更新教育の漏れを防ぐことも重要だ。具体的には、資格や教育の項目ごとに、従業員ごとの取得・受講状況や有効期限のデータを検索し、対象データが見つからない、または失効が近い従業員を漏れなくあぶり出していく。こうした従業員に対して、一挙に育成計画を立てていき、細かく進捗管理を行うことで対象者の教育漏れは防止できる。

資格や教育の有効期限や教育開始期限の前後に、従業員にメールなどでリマインドをかけ、受講を促すのも効果的だ。一度限りのリマインドでなく、複数回しつこく行うことで、根気よく受講漏れを撲滅していく。

人材マネジメントにおける育成やキャリア開発、配置や評価・報酬などの場面で活用するスキルデータが「攻め」だとすれば、安全衛生教育におけるスキルデータは「守り」の活用である。派手ではなく、表面的に大きくプラスに働くわけでない。どちらかといえば目立たない領

域だ。

だが、安全軽視は製造業の根幹を揺るがす。製品を生産し送り出すプロセスを問題なく進めてこその製造業だ。スキルデータを活用して労働災害というマイナスの事態を防ぎ、平穏無事に生産を進めたい。

4

技術革新：技術コラボレーション創出

社内に存在する異なる事業・職種の人材をかけ合わせる

技術コラボレーションとは、社内に存在する異なる事業・職種の人材とスキルをかけ合わせることで、これまでになかった価値を創り出す取り組みを指す。付加価値の高い製品やサービスの多くは思いがけない組み合わせから生まれている。ゼロからスタートするのではなく、もともとある1や2をかけ合わせて相乗効果を発揮し、イノベーションにつなげたという例は枚挙にいとまがない。

例えば、とある製造業の研究開発担当役員によれば、小型モビリティを実現するに当たっては、自動車の制御に詳しい研究者と以前に芝刈り機の設計デザインを手がけていたスペシャリストがコラボレーションして完成に至ったという。

いつものメンバー、いつもの顔ぶれではなく、スキルをベースに専門性の高さに着目してメンバーを構成し、新規の組み合わせで技術コラボレーションを追求したい。弊社の顧客企業も特定の人材を検索し、マッチングできる仕組みをつくりたいという要望を強く持っていた。ある機械メーカーの海外拠点の事業開発担当者は、新しい事業価値や技術を試すプロジェクトの立ち上げを担当しているが、「新しいプロジェクトを進めていくうえで、適性のある人を既存組織のどこから連れてきたらいいのか、なかなか判断できない」と話す。

また、別の研究所の開発担当者からは「顧客から新しい技術の提案を求められたがうまく対応できず、コンペに負けてしまった。実は社内のとある研究所で該当の技術を扱っていたことが後からわかり悔しい思いをした。最初から知っておきたかった」というコメントが得られた。

たとえ同一の研究所でも、別の研究室となると、従業員の専門性やスキルまでは把握していないケースが多い。研究者は各自の研究室でそれぞれの専門領域の研究をしているからだ。隣の席や部屋にいる人の顔こそ知っているものの、実は何を取り扱っているのかを知らないということは、研究室に限らず開発現場などでもよく見られる事象である。

「Ｋｎｏｗ Ｗｈｏ」のスキルマネジメントバージョン構築に向けて

新しい技術や事業を創出するためにも、社内に存在するさまざまな事業や職種の人材に改めて注目し、コラボレーションを積極的に図っていきたい。それには求める専門性を備えた人材を即座に検索し、マッチングできるプラットフォームが必要だ。

特定の分野における専門性の高い人材を探し出し、コラボレーションの打診をして共に事業を推進していく手法としてよく知られているものに「Ｋｎｏｗ Ｗｈｏ」がある。社内の誰が何を知っているのか、どこにどのような業務の経験者や専門家がいるのかといった組織内の人的資源データを蓄積し、検索できる仕組みだ。顧客からつねに新しい価値を求められ、最適な提案を早期に行う必要がある中で、こうした仕組みにもスキルデータを活用していくことが、プロジェクトに適した人材のマッチングにも有効であると考えている。

スキルデータを用いて「Ｋｎｏｗ Ｗｈｏ」を行うには、コラボレーションに必要な特定のス

図表4-3　技術コラボレーション創出：スキルデータに基づくハイレベル人材の検索

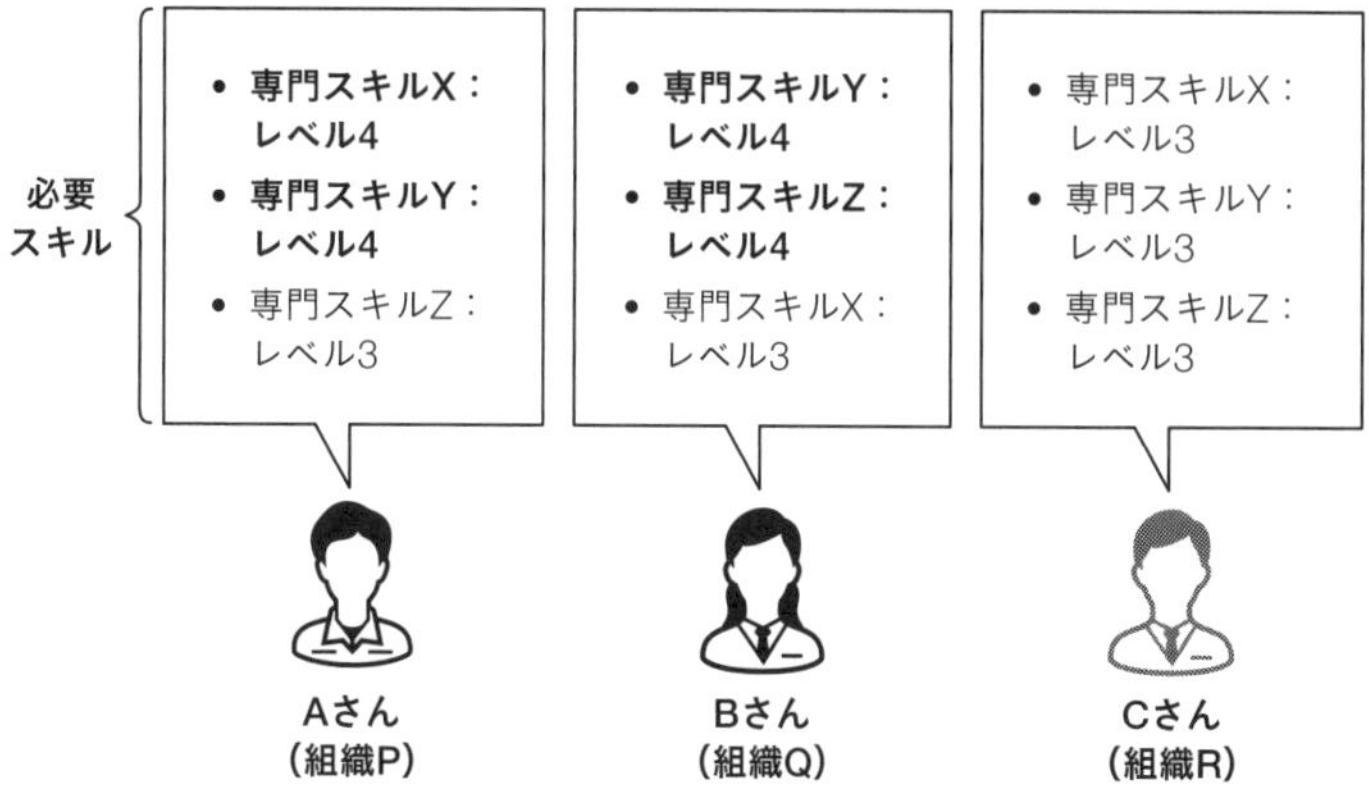

キルをいくつか指定し、そのスキルをより多くより高いレベルで持っている人材を検索していく。

図表4-3は、複数のスキルを指定して該当者を絞り、それぞれがどのスキルをどのレベルで持っているかが可視化されたイメージだ。専門スキルX・Y・Zについて、組織Rにはレベル3の人材しかいないが、ほかの組織PにいるAさんや組織QのBさんがこの領域ではレベル4で認定されており、トップ水準にある人材であることがわかる。つまり、R以外の組織から最初にコラボレーションの打診をすべき人材が見つかったということだ。

このようにスキルデータを活用することで、組織横断で技術コラボレーションに必要な人材を発見し、新しい技術や価値を生み出していきたい。

アスザックグループ

アスザック株式会社

全社一元化したスキルデータを活用し若手の成長促進と事業部間シナジーの創出を目指す

人材育成と企業の成長にはスキル情報の一元化が欠かせない

アスザックは、半導体や液晶製造装置・搬送装置向けのセラミックス製品を扱うファインセラミックス事業、アルミ建材やエクステリアを扱うアルミ事業から、フリーズドライ食品事業（アスザックフーズ）まで、まったく領域が異なる5つの事業を展開している企業グループだ。

同社の沿革には、アルミニウム鋳造のスタンダード製法「Vプロセス鋳造法」を1970年代に開発し、世界特許を取得したという大きなエポックがある。以後、イノベーション創出とそのための開発人材採用・育成に力を入れてきたことが、同社がスキルマネジメントシステムを導入した底流にはあるだろう。

「新しい技術や製品の開発は『人材がすべて』。人材を育成し企業の成長へとつなげていくためには従業員のスキル情報を全社で一元管理するのが望ましいのですが、従来は事業部ごとのエクセル管理で閲覧性が低く、データへのアクセスや共有も難しい状況でした。そこから生じていた課題として例えば、異動の際にスキル情報が引き継がれないため、それまでに培ったものを活かすことができず、異分野間でのシナジー効果も従業員本人の成長も十分ではないといったことが、とくに事業部を超えた異動で顕著でした」（本社人事チームマネージャー・久保氏）。

一方、事業部の現場でも「スキル情報がチーム内にとどまり、事業部全体で共有されていないため、忙しい部署に応援を送ろうとしても、誰が最適なスキルを持っているのかわかりにくい」（ファインセラミックス事業部・山本氏）などの課題感から、製造業に特化したスキルマネジメントシステムの導入を模索する動きがあった。

こうした問題を解決すべく、同社はまず各事業部で1年かけてテストを実施。その後、事業部ごとに異なるスキルの管理体制や承認フローを洗い出し、3年前にスキルマネジメントシステムの全社導入を実現した。

異なる事業領域のスキルに対する考え方も変わった

スキルマネジメントシステムの効果はどうなのだろうか。

「閲覧性が改善されて、人事だけではなくスキルデータを必要とする関係者が全社的なスキル状況をスムーズに確認できるようになりました。各事業部でもデータベースとしてスキルマネジメントシステムを活用する動きが始まっています」（本社人事チームリーダー・小林氏）。

例えばファインセラミックス事業部ではＩＳＯ９００１の監査対応の場面でスキル教育の状況を伝えやすくなり、アスザックフーズでは品質管理教育の履歴管理に利用している。本社の人事チームはスキルマネジメントシステムを教育や研修情報の管理に活用することで従業員、とくに新人社員の育成状況を格段に把握しやすくなったという。

全社共通のスキルデータプラットフォームは、従業員の意識にも変化をもたらした。例えば、異なる事業領域のスキルに対する考え方だ。これまで現場では「事業部が違えば使えるスキルも異なる」と考えられていたが、ＣＡＤの操作や設計図の読み解きなど事業部を横断して使えるものも少なくないとわかってきた。ただし、ある事業部で活用していたスキルをそのままの状態で別の事業部でも流用できるわけではないため、その移行がしやすくなるようにスキル教育を改善するポイントを、事業部間の話し合いで探っているという。

「こうした取り組みが具体化してきたのも、異動してきた人材をスムーズに活躍させることが従業員のモチベーションや生産性アップにつながるという意識が、従業員の間で高まってきたからでしょう。スキルの共通化を通じて事業部間の共通言語を増やせば、全社的なシナジーの創出やイノベーションの促進につながっていくと期待しています」(山本氏)。

若手の人材育成にスキルマネジメントシステムを活かす試みも着々と進んでいる。

「初年度研修の『1週間、3カ月、1年』にとどまらず、『2年目、3年目、それ以降』に獲得すべきスキルや能力、目指すべき人物像などの目標を明確に示したい。事業部やチームごとにキャリアのロードマップを作成し、人事からも年次ごとに推奨する研修などを組み込んで『キャリアマップ』を整備していく計画です」(久保氏)。

本社人事チームの小川氏は、自らの新人時代を振り返りつつ「人材育成のビジョンが明確に伝えられ、自分が成長した姿をクリアにイメージできれば、納得感や安心感を持って業務や研修に臨むことができます」と語る。スキルマネジメントシステムを通して同社が追求しているのは、若手人材のモチベーションがアップし、エンゲージメントがおのずと向上する環境づくりだ。

第5章

スキルマネジメントの実践アプローチ

目標を設定しスキルデータ運用の仕組みをつくる

スキルマネジメントを実際に進めていく過程ではしばしば難所に遭遇する。私たちは150社を超える製造業の支援実績を経て、そうした難所を何度も経験し乗り越えてきた。本章では難所の乗り越え方も含めてスキルマネジメントの3段階の実践アプローチを説明する。

1. スキルマネジメントの目標設定
2. スキルデータ運用の仕組みづくり
3. 人材マネジメント・現場業務におけるスキルデータの活用

どのような活動でも、最初は目標を掲げることが重要だ。その次に、目標達成に向けてスキルをデータとして扱い、継続的に運用するための土台を築いていく。運用の仕組みづくりができれば、いよいよ人材マネジメント・現場業務においてスキルデータを活用するステージに入る。

この流れに沿って、以下、必要な要素をひもといていく。

スキルデータ運用の流れ

1. スキルマネジメントの目標設定：目標に応じて適用範囲を調整する

スキルマネジメントの目標設定を語るうえで、まず次の図表5-1を見てほしい。縦軸には実現価値を、横軸には対象組織のサイズを置いている。スキルマネジメントを部署単位で行うのか、それとも事業部門（あるいは全社）という大きな単位で実践していくのかを表した図だ。

スキルマネジメントをスタートするに当たっては、何はともあれ目標の設定が欠かせない。目的は業務目標の達成なのか、事業目標（あるいは経営目標）の達成なのか。目標の視座をどこに置くかによってどの単位で活動を始めるかを決めていく。

例えば、業務目標の達成なら部や課といった部署の単位で進める。目標が事業全体に関わるものであれば、事業部門単位で幅広く取り組む。目標によっては複数の事業部門を巻き込みな

図表5-1 スキルマネジメントの目標設定と対象組織のサイズ

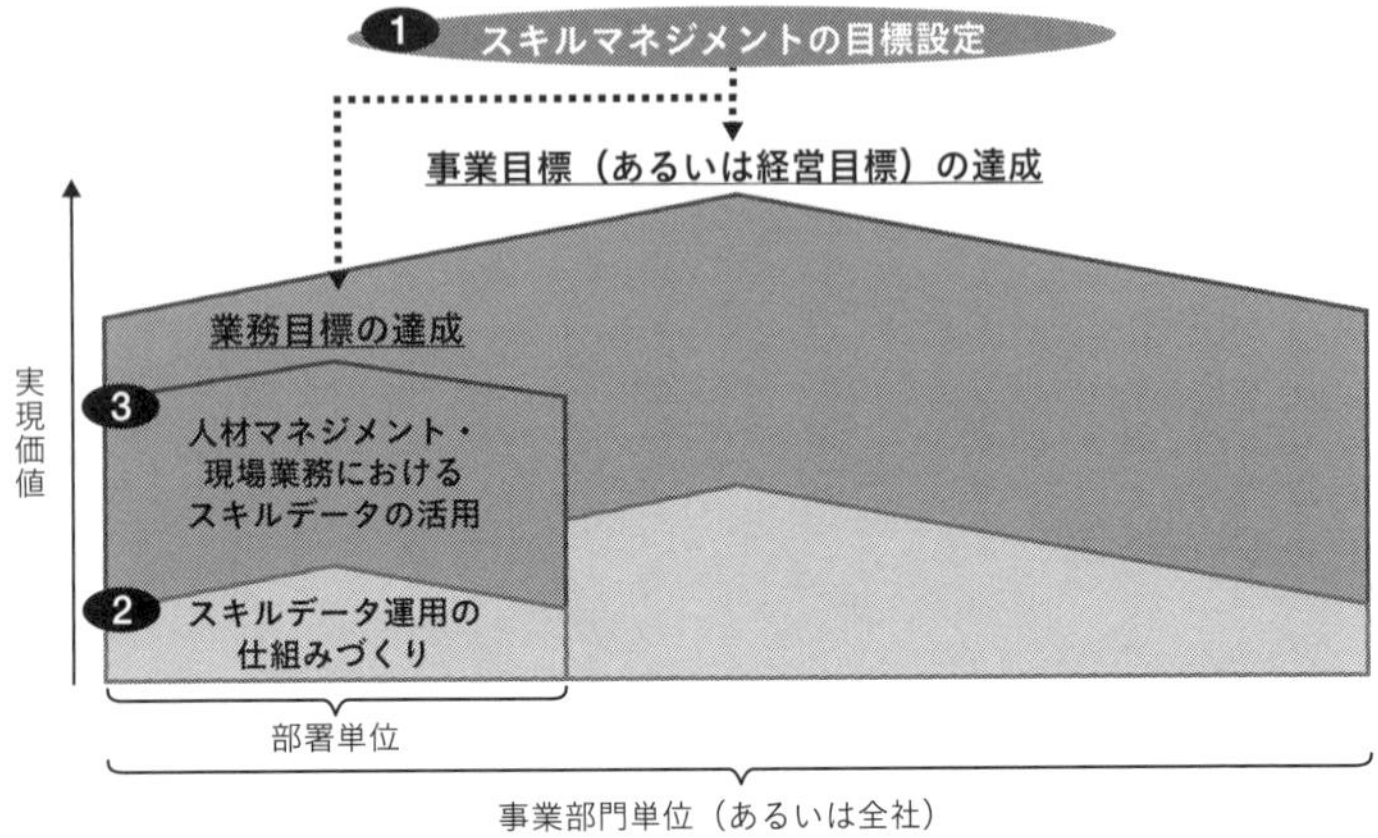

がら全社で推進する必要もある。

業務目標と事業目標の中間に位置するような目標設定も考えられる。粒度としては業務ほど細かくはないが、事業というほど大きくはない目標だ。わかりやすい例として「労災事故の撲滅」がある。第4章で述べたように、労災を防ぐことは会社の責務であり、部署の単位ではスキルデータの活用により「安全衛生教育の徹底」といった業務レベルでの目標達成に貢献できる。それだけでなく、安全に関わるさまざまなスキルを習得することで、より安全に業務を進められるようになり、「労災事故の撲滅」という1段階大きな目標も達成できるだろう。これは特定の部署にかかわらず重要な目標だ。拠点の単位で入り口に無事故日数の記録を掲げるところが多いのはその表れである。

一方で、事業部門の経営層ももちろん労災事故の防止に努めているが、この場合は目標というよりも前提条件に近い捉え方ではないだろうか。第3章で述べたように、事業を滞りなく進めるために、必要な質と量の人材を確保しポートフォリオを充足することが、事業部門の目標の一例だ。

このように、スキルマネジメントで目指す目標の高さに応じて、対象とする組織のサイズを調整していく。目標が設定できたら、対象組織に共有をして活動へ巻き込み、スキルマネジメントを推進していく。

2．スキルデータ運用の仕組みづくり：スキルデータのライフサイクルを考慮する

スキルデータ運用の仕組みづくりでは、スキルデータのライフサイクルを考慮した仕組みや組織体制がポイントとなる（図表5-2）。

ここでは、従業員が実態としてスキルを習得した以降に、大きく分けてスキルのマスタデータと記録データという2種類のスキルデータを運用する。前者は運用の基本となるスキル体系（スキル分類やスキル項目、レベル基準）やキャリア項目などを指す。これらの項目や基準に対して、従業員がどのスキルをどのようなレベルで持っているのかなどの状態を紐づけて、ス

図表 5-2 スキルデータ運用の仕組みづくり

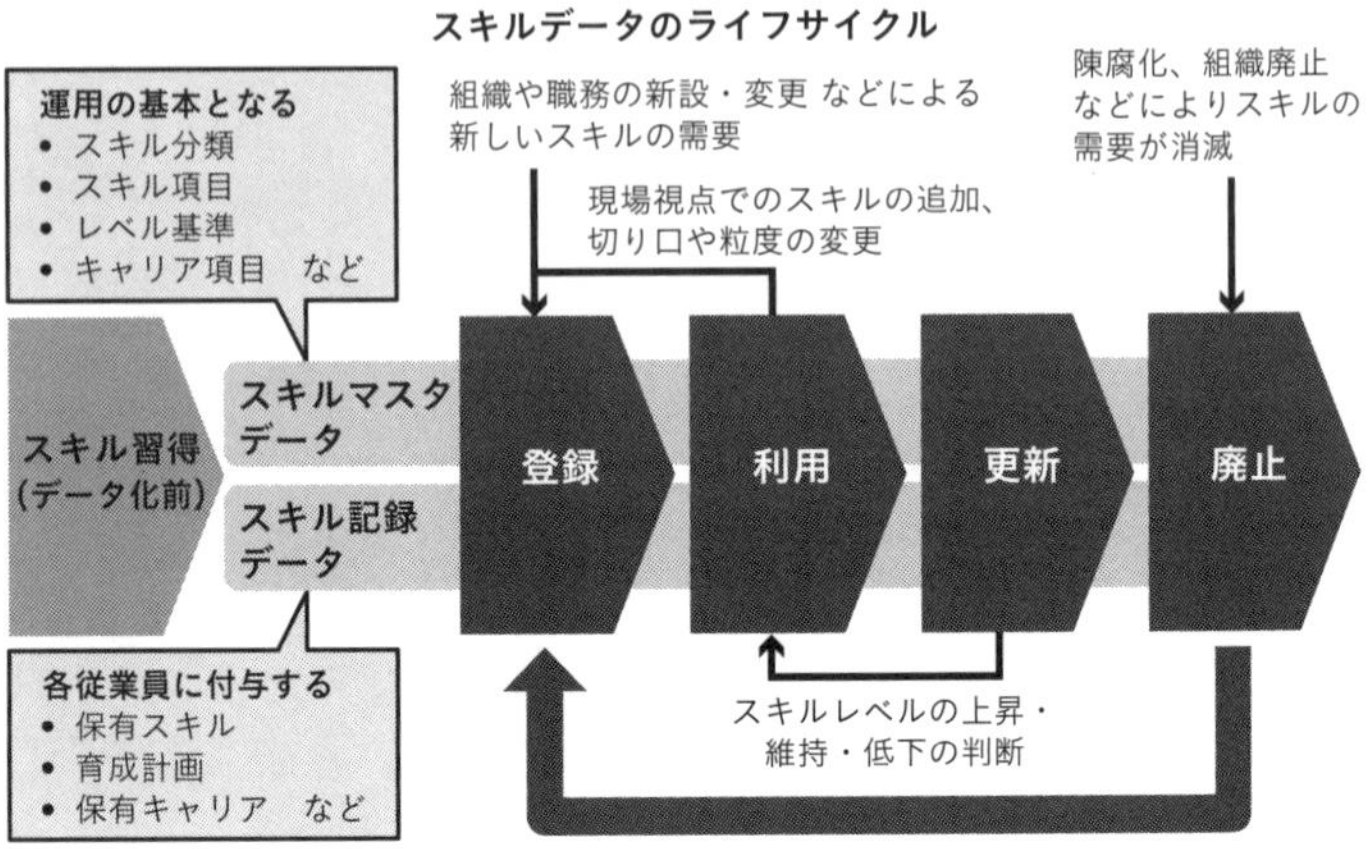

キル記録データとして登録していく。

このとき、組織や職務が新設されたり変更されたりした際に新しく需要が生まれるスキルもマスタデータとして忘れずに登録する。既存のスキルを登録すれば終わり、では生きたデータとはいえない。つねに現状と一歩先の未来を見据えてスキルデータを整えたい。

登録したスキルデータを利用するとさまざまな不備が見えてくる。現場視点からこのスキルを追加したい、異なる切り口でスキルを見たい、スキルの粒度を変更したい、など、利用してみて初めて「そのスキルマスタデータでは現場にそぐわない」と気づくことは多い。現実に即して変更を行うことだ。

スキル記録データの更新も抜かりなく実施し、試験を受けて資格を更新すればデータに反映する。上司が現場で従業員の習熟度を確認して、更新を承認するケースもある。「彼のこのスキルは上がってきたのではないか」「一定のレベルを維持できている」と上司が判断したらデータを更新していく。スキルレベルの上昇や維持、低下の判断を下して結果をフィードバックし、スキル記録データの中身が現状を反映しながらぐるぐると運用されていく状態が望ましい。

外部環境が変われば求められるスキルの中身も変わる。ときには陳腐化し、組織が廃止されることでスキルの需要自体が消滅する場合もある。その際には思い切ってスキルマスタデータからの削除に踏み切りたい。

スキルとはライフサイクルがある一種の生物のようなものだ。つねに固定したものではない。スキルマネジメントの中で変化を仕組みとして実装できなければ、エクセルでの管理と五十歩百歩だ。新しく取り組むべきスキルを見落としたり、需要がなくなったスキルを放置したりすると、3. の活用のステップで価値を生み出しにくくなる。スキルデータは生ものであり、鮮度管理が求められることを改めて述べておく。

製造業は管理すべきスキルの数がそもそも多く、テクノロジーの発展を背景に移り変わりが激しい。再びの例として、自動車関連業界はこの先、ガソリンエンジンに関わるスキルの需要が減っていく未来が予想される。だが、そのスキルをほかの技術に転用できるかもしれない。ガソリンエンジン車の開発を経験したエンジニアが電気自動車の開発で活躍している例もある。既存のスキルの解釈や切り口が変更されて新しい業務需要に対応できるケースも考えられるため、スキルデータの履歴を早くからしっかりと残し、業務の変化に備えておきたい。
3. の人材マネジメントにおけるスキルデータの活用については第3章で、現場業務における活用については第4章で解説したとおりだ。

スキルマネジメントの活動における難所とは

ここまでスキルデータの運用の流れについて説明してきたが、疑問をお持ちの方も多いと思う。はたしてそんなにうまくいくのか。目標設定から仕組みづくり、活用に至るまで、円滑に問題なく運ぶものなのか。すべて自然な疑問であり、当然の発想だ。

本章の冒頭で述べたように難所はあり、「スキルマネジメントの目標設定」「スキルデータ運用の仕組みづくり」「人材マネジメント・現場業務におけるスキルデータの活用」という3段階のアプローチそれぞれの中で、1つ2つは行き当たる。しかし、こうした難所を乗り越える解決策は存在する。しかるべき対応策を取れば、スキルマネジメントを推進して成果を出せる。スキルマネジメントの価値を得るには難所を意識して対処することだ。

第1の難所：目標設定段階の社内の温度差

第1の難所はスキルマネジメントの目標設定の段階にある。従業員の間で優先度の認識にどうしてもズレが生じるのだ。これは大なり小なり必ず起きると思っていただきたい。とくにスキルマネジメントを実践する初期は、通常業務にプラスの作業が付与される。日々ものづくりに忙しいのにそんな時間などつくれないと考える、前のめりではない従業員もいれば、今スキルマネジメントに取り組まなければ自分たちに未来はないと、熱意を持って取り組む意欲的な従業員もいる。優先度が異なれば見える景色も違ってくる。

従業員の間に温度差が生じることは、スキルマネジメントを進めるうえでの「前提」だ。ただし、温度差は仕方ないとしても放置してはいけない。調整の手を入れて温度差をできるだけ抑えていく。

第2の難所：仕組みづくりにおけるデータ取得や粒度のすり合わせ

第2の難所はスキルデータ運用の仕組みづくりにおいて発生する。まずはスキルマスタデータの準備から始めていくが、第2章で述べたとおり、事業部門内・各部署内でバラバラに存在するスキルマップや教育訓練記録などの帳票をかき集め、スキル分類・スキル項目・レベル基準に当たるものを抽出・名寄せし、スキル体系を統合することに相応の労力を要する。当然のことながら、これに合わせてスキル記録データも矛盾なく紐づけていく必要がある。

その過程で、現場からは、「経験がなくてどう進めていいのか見当がつかない」「別々にエクセルで管理してきたデータを統合する要領がわからない」「データを管理するシステムの使い方やデータの見方がわからない」という困惑の声がおそらく数多く届くだろう。こうした点を考慮しながら、組織内で運用を定着させなければならない。

事業部門よりも広い単位で推進する場合には、さらに別の難しさも出てくる。まず、事業部門と本社間のデータの粒度をすり合わせることが必要だ。仮に本社主導の下、全社の整合性を取りながらトップダウンでスキルマスタデータの整備を推し進めるような場合であっても、事業部門内で見たいスキルの細かさと、本社側で見たいスキルの粒度のズレを埋めていく必要があり、すり合わせが難しい。本社側が見たいのは、組織のメンバーに働きかけ協力関係を生むヒューマンスキルや、事業や会社全体の状況を俯瞰して分析・判断を行うコンセプチュアルスキルなど、比較的汎用性が高く、マネジメント上の必要性が高いスキルだ。特定の活動の習熟度を示すテクニカルスキルも、職種や職務の単位で把握されることが多い。

一方事業部門には、業務遂行上の必要性から、テクニカルスキルを重視し、より細かい粒度で管理したい需要がある。こうした視点の違いはあるものの、スキル記録データの対象は同じ従業員だ。スキルマスタデータの統合をいかに図り、記録の工数を減らすかが運用上の重要なポイントである。

第3の難所：活用開始後、メリットを出し続け、運用を継続する

無事にデータを統合できて土台が整い、実際に活用が始まった後には第3の難所が存在する。先述したようにスキルデータは鮮度管理が欠かせない。変更があればすかさず確認し評価し更新していく必要があるが、現場の従業員や部署長は皆、通常業務と並行しながらスキルマ

ネジメントに取り組んでいる。部署によって繁閑差もある。スキルマネジメントの活動が負担になり、負担を覆すほどの動機がなければ、スキルデータにまつわる作業が徐々に劣後されていく。気がついたら最新のデータの登録日が1年前だったというケースは現実に起きている。この難所を通過するカギは負荷に勝るインセンティブをつねに提供することだ。

また、事業部門の経営層の視点では、現場が進めているスキルマネジメントの活動について、どのような事業上の価値が生まれているのか、いま一つ実感が持てない場合もあるだろう。そのような状態が続くと、経営層として現場を支援しにくくなり、活動上のリスクとなる。そのため、経営層に対して人材マネジメント上の適時・適切な示唆を提示することも必要だ。

これらの難所は、どれも簡単には乗り越えられないものだが、解決につなげる方法はある。詳しくは次項で解説する。

3つの難所を乗り越える

第1の難所の乗り越え方

期待効果と危機感を訴求する

スキルマネジメントの目標設定時にぶつかる第1の難所では、スキルマネジメントを始めると何がどうよくなるのか、そして始めなければどんな悪影響があるのかを併せて伝えていく方法が最も効果的だ。危機感をあおるだけではいけない。期待を持たせるだけでもいけない。スキルマネジメントを主導する立場のリーダーは、現場の状況をよく理解しているライン長のような立場の従業員に、スキルマネジメントに着手することで得られるメリットと着手しないことによるデメリットの両方を併せて訴求するのが望ましい。

例えばこんな場面が考えられる。工場では製品の出荷量が落ち、検査工程で見つかる不良品が増えて歩留まりが悪化している。人手不足もひどい。作業にあまり慣れていない従業員が急きょ応援に駆けつけて生産ラインに入らざるをえない状況が頻発している。しかし採用活動ははかどらず、人材確保の見込みは立っていない。この状況が続けば、競合企業の製品供給スピードに競り負け、お客様を失う可能性さえある。

まずはこうした危機感を率直にライン長と共有し、認識合わせをしていく。そのうえで、スキルマネジメントを導入し、従業員を多能化するメリットを伝えることが重要だ。複数の工程で従業員が活躍できるようになれば出荷量は改善する。忙しい時期でも2つの工程の仕事ができる体制が整い、余裕を持って生産を進められる。そうした望ましい未来をライン長に伝えていく。

ライン長からは、育成のために部下をラインの外に出すことによる業務負荷の増加を懸念する声が上がるかもしれない。また、多能化の推進を任された指導員から、通常業務に加えて育成を行う業務負荷について、ネガティブな反応が返ってくることもあるだろう。こうした懸念に対しては、ほかの組織も含めて、従業員が持つスキルや今後身につける目標のスキルを可視化することによって、将来の業務負荷が軽減されることも強調する。従業員のスキルが可視化されれば、日々の作業のフォローや育成がしやすいだけでなく、これまで時間がかかっていた応援体制の検討が素早くできるようになり、最適なスキルを持つ従業員が応援に駆けつけてくれる。結果として、作業の遅延やトラブルが減少し、上司が組織間の調整に気をもむことも少なくなる。直近の業務負荷が増えることは認めつつも、将来の仕事が楽になり、ひいては会社の業績や未来そのものにメリットをもたらすことで、自身の評価にもつながるとアピールして、地道に協力を仰いでいくことが重要だ。

第2の難所の乗り越え方

次に、スキルデータ運用の仕組みをつくる際にぶつかりがちな、第2の難所の解決策を説明する。

スキルマネジメントの推進が部署単位なのか、事業部門単位なのかによらず、(1)スキルの特性に基づいてスキルマスタデータの再設計を行う、(2)強い推進チームを組成する、の2つのアクションを取りたい。また、事業部門単位(あるいは全社)で行う場合にはさらに、(3)部門固有のスキルと全社共通のスキルをすみ分ける、(4)横断的な監督組織を設立する、の2つも必要となる。

図表5-3　スキルマスタデータの再設計で考慮すべきスキルの4つの特性

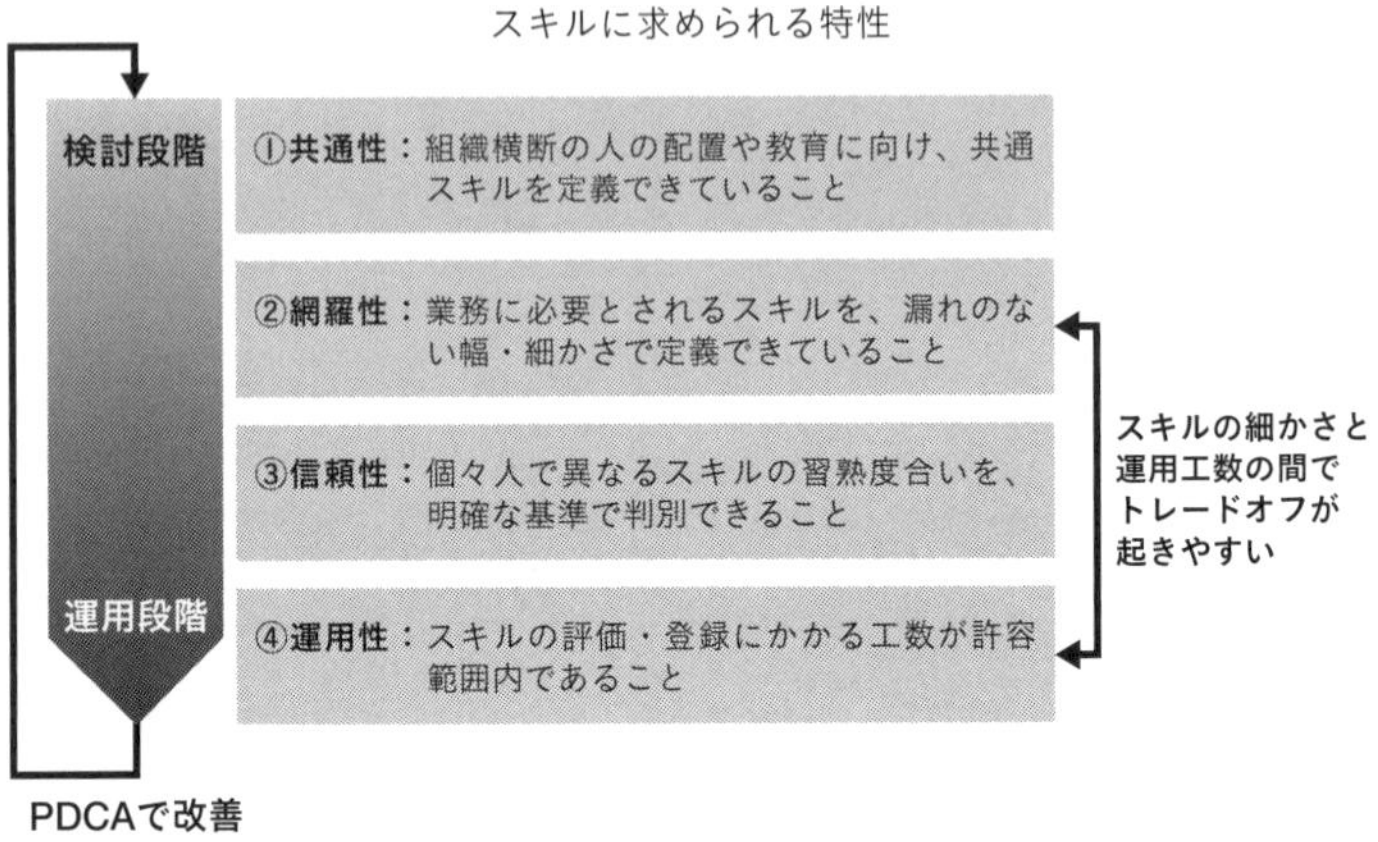
スキルに求められる特性
検討段階
運用段階
①共通性：組織横断の人の配置や教育に向け、共通スキルを定義できていること
②網羅性：業務に必要とされるスキルを、漏れのない幅・細かさで定義できていること
③信頼性：個々人で異なるスキルの習熟度合いを、明確な基準で判別できること
④運用性：スキルの評価・登録にかかる工数が許容範囲内であること
スキルの細かさと運用工数の間でトレードオフが起きやすい
PDCAで改善

（1）スキルの4つの特性を踏まえてスキルマスタデータを再設計する

（1）ではスキルが有する4つの特性を踏まえてスキルマスタデータの再設計に必要なポイントを洗い出していく（図表5-3）。

①共通性
②網羅性
③信頼性
④運用性

の4つだ。以下、順を追って説明しよう。

図表 5-4　①共通性：組織・職種横断のスキルは「共通スキル」として定義する

共通スキルの例

種別	タイトル	定義
スキル	一般基礎力	社員全員が求められるビジネススキル
	法令・規格の理解	社員全員が求められる法規の理解
	共通作業	組織や職種をまたいで共通の作業スキル 例）複数工場で同一製品を生産する場合
教育	社外研修	一般に公開されている社外研修で、どの部門も共通して受講が要求されるもの
	社内研修	全社に公開されている社内研修と受講履歴
資格	公的資格	業務遂行に必要な、または業務遂行に必ずしも必要ではないが取得推奨される公的資格
	社内資格	業務遂行に必要な社内資格の一部

再設計のポイント①：共通性

スキルの共通性が担保された状態とは、組織を横断する形で人材を配置し教育する際に必要な共通スキルを定義できている状態を指す。一般にビジネススキルや法規の理解度、教育や資格は共通化しやすい。図表5－4では共通スキルの例を挙げている。複数の工場で同一の製品を生産しているのなら、少なくともその製品の作業スキルは工場共通のスキルと定義できるはずである。

さらに、第3章で基礎スキルの事例として触れたように、製品にかかわらず「加工」「組立」といった共通スキルを定めることもできる。同一のスキルでありながら、チームや部署によって定義が異なっていないかどうかを確認し、複数の組織や職種で通用するスキルは共通スキルとして定義していく。

図表 5-5 ②網羅性：漏れなく、かつ適切な粒度で定義する

スキルの切り口の例

切り口	定義
業務プロセス	業務の各工程を因数分解した作業の習熟度
製品	特定製品の組立・加工や販売等の習熟度
アウトプット	図面など、業務の各工程で生成するアウトプットの出来栄え
設備・装置	業務で利活用する設備や装置の取り扱いの習熟度
要素技術	製品の機能単位で求められる要素技術の習熟度
手法	エンジニアリングやプロジェクトマネジメントなどの手法・方法論の習熟度
法規	特定の業務領域で要求される法律・規定や法規対応の習熟度

再設計のポイント②：網羅性

スキルの網羅性が担保された状態とは、業務に必要とされるスキルを漏れのない幅や適切な粒度で定義できている状態をいう。漏れているスキルがあってはいけないが、粒度が細かすぎると運用の負荷が上がってしまう。また粗すぎると評価がしづらくなる。適度な幅と細かさを実現したい。業務特性に応じて切り口を定め、組織内で共通認識がとれる粒度までスキルを洗い出していくといいだろう（図表5-5）。

業務プロセスで考えるとわかりやすい。この作業の次にはあの作業が来るといったように、それぞれの工程で必要なスキルは割り出しやすいはずだ。業務の各工程を因数分解し、作業スキルのレベルを評価できるようにスキルを定義していく。

A製品、B製品、C製品など、特定の製品を切り口に組立や加工、販売などの習熟度を定義する方法もある。アウトプットや要素技術、手法、あるいは法規といった切り口も考えられる。さまざまな切り口を意識をしながらスキルを洗い出していく。

どのようにして洗い出すかは会社の個性や社風にもよるところが大きい。皆が集まって意見を出し合いブラッシュアップしていく手法が向いている組織もあれば、活発な意見交換がなされて多くの意見が集まった結果、逆にまとまりにくくなったため、一人が代表してスキルをまとめ、そこに肉付けをしていくパターンがしっくりくる組織もある。こうした組織の特性を鑑みて、共通認識が取れる幅と粒度までスキルを洗い出していくことが重要だ。

再設計のポイント③：信頼性

スキルの信頼性が担保された状態とは、個々に異なる習熟の度合いを明確な基準で判別できている状態だ。スキルのレベル判定は信頼に足るのか。明確な基準を設けてスキル記録データの信頼性を担保する。そのためには、各レベル基準の定義の設定時に工夫を施したい。

方法としては2つ考えられる。1つは、レベル基準の文言をできるだけ詳細に記述すること。判断の恣意性を排除するためだ。ただし、レベル基準が個別のスキルに特化されやすく、統一性が薄れ、評価の負担が増える可能性がある点には留意したい。

2つ目は、あるスキルの各レベルを取得するために別のスキルの取得を条件とし、判断を厳格化することだ。例えば、（狭義の）スキルAのレベル1を取得するためには、教育Bの受講

図表 5-6 ③信頼性：評価方法の精度と労力とのバランスを考慮する

評価方法	実施しやすさ	概要	備考
指導員・上司による評価	○	職場の指導員や上司が、業務上でのスキルを確認し、レベルを判断する	現状、多くの企業ではこの評価方法が主流。 とくに製造現場などで使われている
自己評価＋上司承認による評価	○	本人申告、または上司などのメンターとの面談結果を含めた申告	現状、多くの企業ではこの評価方法が主流。 エンジニアや管理部門などで使われている
試験（テスト）	△	選択式、記述式のテスト、口頭確認・アンケートなど	教育訓練の有効性評価としても使われている
試験（実技）	△	作業の実施による判定。 例）試験片を作り、作業時間や精度で認定する	教育訓練の有効性評価としても使われている
業務経歴	×	「できる」ということに、業務経歴書などの証拠を持って評価を行う	
試用	×	一定期間の試用を通じてスキルを評価する	

と最低でもレベル1以上のスキルCと資格Dの取得という3つの条件を設ける。システマチックに判断するこの方法であれば信頼性は高くなる。もっとも、やりすぎるとスキル項目が細分化し、スキルマスタデータを管理する観点からいえばメンテナンスしづらくなる。

また、レベル基準に対する評価方法においては、その精度と評価にかかる労力はトレードオフの関係にある。指導員や上司による評価であれば実施しやすいが、判断がぶれる可能性は否定できない。点数を基に客観的にレベルを認定できるペーパーテストは、テスト実施に関わる手間が発生する。テスト問題を準備し、テストを実施する場所を確保し、テストが終わったら採点も必要だ。実施の容易さでは指導員や上司による評価が勝る。精度を追求するのか、労力に配慮するのか。両者のバランスを考慮して目的に合った方法を選択したい（図表5－6）。

再設計のポイント④：運用性

スキルの運用性が担保された状態とは、スキルの評価や登録にかかる工数が許容範囲内である状態をいう。もし1つの部署でスキルを1万個定義したとすれば、全員に対して個々のスキルの有無を認定するのは現実問題としておそらく不可能だろう。

網羅性にこだわるあまりに項目が増えすぎて、運用が回らなくなる例もある。②の網羅性と④の運用性の両方を高度に実現することは難しい。スキル項目を細かくすれば運用工数が増え、運用工数を抑えようとすると漏れるスキル項目が出てくるかもしれない。トレードオフに配慮しつつ、スキルの活用上求められる4つの特性を満たしていく。

完璧を目指さない

スキルデータを運用する仕組みをつくる際に完璧な状態を目指すと、途中で行き詰まり、収拾がつかなくなってしまう。作業は発生したが、何も成果が得られなかったという事態を避けるには、机上の整理から早期にシステムなどを用いた運用の検証に移行する。感覚値ではあるが、完成度が7割程度に達したらその時点で運用検証を行うことを推奨する。

最初はスモールスタートでいい。小さく運用を開始して課題を検知し、1巡目のPDCAサイクルを回す。運用すれば、「これほど細かなスキル項目は必要なかった」「この工程のスキル分類は重要な割に大ざっぱすぎた」といった現実とのギャップが見えてくる。課題が浮き彫りになればスキルマスタデータを修正する。修正をかけたら再度システムに実装して徐々に運用範囲を拡大していく。そして課題を検知したらまたＰＤＣＡサイクルを回す。クイックに検証を積み重ねていきたい。

このようなサイクルを必要とするスキルマスタデータは、言ってみれば「終わりなきβ版」のようなものだ。製造業が置かれる外部環境や戦略、組織のミッションが変わり続ける限り、スキルマスタデータもまた進化していく必要がある。大切なのは継続的に改善を施していくこと。少しでも成果を実感できれば継続してもっと成果を得たいというモチベーションが高まっていく。

仕組みづくりの過程で、運用に必要な工数を見積もってみる

運用の前には、実際にどれぐらいの工数が必要なのかを見積もっておくといいだろう。運用工数が大きすぎる、または明らかになっていないと、実際にスキルデータを登録する主体となる現場の管理職に、業務遂行上の懸念を生んでしまうからだ。

スキルデータ運用場面の代表例として、従業員のスキル評価における評価者1人当たりの負荷（所要時間）を試算してみた。評価は被評価者に関係する全スキル項目を評価する「初期評

価」と半期や年に一度行う「定期評価」に分けて行う。「初期評価」ではすべての項目の評価が必要だが、半年後に確認してすべてのスキルが伸びていたという人はまずいないはずだ。「定期評価」では被評価者が直近で重点的に取り組む数個のスキル項目を決めて、評価するのが通常だろう。

ここでは「初期評価」で20個のスキルを評価し、「定期評価」ではそのうち半期当たり3個のスキルが育成されたと仮定して評価している。スキルマップの横軸に20個のスキルが並んでいる形だ。1項目当たりの記録時間は3分、1人当たりの面談時間は30分、評価者1人当たり被評価者は10人と仮定して算出した。結果は次のとおりだ。

・初期評価　評価記録時：20項目×3分×10人＝600分＝10時間
　　　　　　評価面談時：30分×10人＝300分＝5時間
　　　　　　合計　15時間

・定期評価　評価記録時：3項目×3分×10人＝90分＝1時間30分
　　　　　　評価面談時：30分×10人＝300分＝5時間
　　　　　　合計　6時間30分／半期

これはあくまで一例にすぎないが、半期に一度の「定期評価」の所要時間が6時間30分で収まることをイメージできれば、運用の障壁は低くなるのではないだろうか。見積もりをすることで、「初期評価」や「定期評価」にどれぐらいの時間が必要なのかを把握でき、「思ったより負担が少ない」「少し負荷がかかる」という感覚をつかめる。負荷が高いと判断する場合は、スキルの項目数を削減するなどの意思決定に活用していく。

（2）強い推進チームを組成する

ここでは、第2の難所を乗り越える際、加えて必要となる「強い推進チームの組成」について述べていく。

スキルマネジメントを立ち上げる際にはプロジェクトチームを組み、部署にスキルデータ運用を定着させるアプローチが効果的だ。チームはオーナー、マネージャー、マスタデータ担当、運用検証担当の4名構成としたい。

それぞれの役割は以下のとおりだ。

・オーナー：スキルマネジメントのプロジェクトを評価し、成果創出に向けて予算の承認や各部署への協力要請を行う

・マネージャー：プロジェクトの進捗や課題を取りまとめ、積極的に各担当への働きかけを行う
・マスタデータ担当：現場の豊富な業務知識に基づいてスキルマスタデータの設計（場合によっては初期のスキル記録データの登録）やメンテナンスを行う
・運用検証担当：スキルマスタデータの運用方法を設定・検証したうえで各部署に展開する

オーナーは概して部長クラス以上が務め、スポンサーのような立場でチームにつく。高い視点からプロジェクトを評価し、調整などを行ってチームの活動を後押しする。

このチームで最も重要な役割を果たすのは実際に活動を推進していくマネージャーだ。スキルマネジメントに深く関与し、チームを導いていく。マスタデータ担当は対象部署の業務の深い理解に基づき、スキル体系の構築の実作業を行い、マスタデータを作成する役割を担う。そうしたデータをシステムなどに実装し、実業務に基づく運用をシミュレーションして、マスタデータの使い勝手を検証する運用検証担当も重要だ。

運用を開始すると、必ず「やり方がわかりません」という声が上がるだろう。その声を放置するのは禁物だ。運用検証担当が対応し、通常業務の都合上どうしても対応できない場合には、マネージャーが対応して問題解決に当たる。小規模な単位での活動であれば4～5人体制でカバーできる。

弊社の顧客企業では10人前後でチームを構成しているところが多い。大企業では機械系、品質系などの職種別や、組織別での分科会を立ち上げる例もある。マスタデータ担当と運用検証担当を兼務しているケースも見受けられるが、もちろん各担当はスキルマネジメント以外の業務も並行して実施することになるため、業務負荷をにらみながら担当の配置を決めることをお勧めする。

（3）部門固有のスキルと全社共通のスキルをすみ分ける

以上、組織のサイズにかかわらず、スキルデータ運用の仕組みをつくる際にぶつかる第2の難所の乗り越え方（1）（2）を解説した。ここからは事業部門単位または全社で行う場合にさらに必要となる2つの方法を紹介する。

1つ目の方法が、スキル分類を通じて事業部門と本社間の関係性を整理し、スキルマスタデータをすみ分けることだ。全社に共通するスキルは本社側と事業部門で連携するが、個々の事業部門内で求められるスキルは基本的に事業部門でローカルに運用する（図表5-7）。それぞれのスキルは、第3章で述べたような全社人材ポートフォリオや、ものづくり人材ポート

図表 5-7 スキル分類を通じてスキルデータをすみ分ける

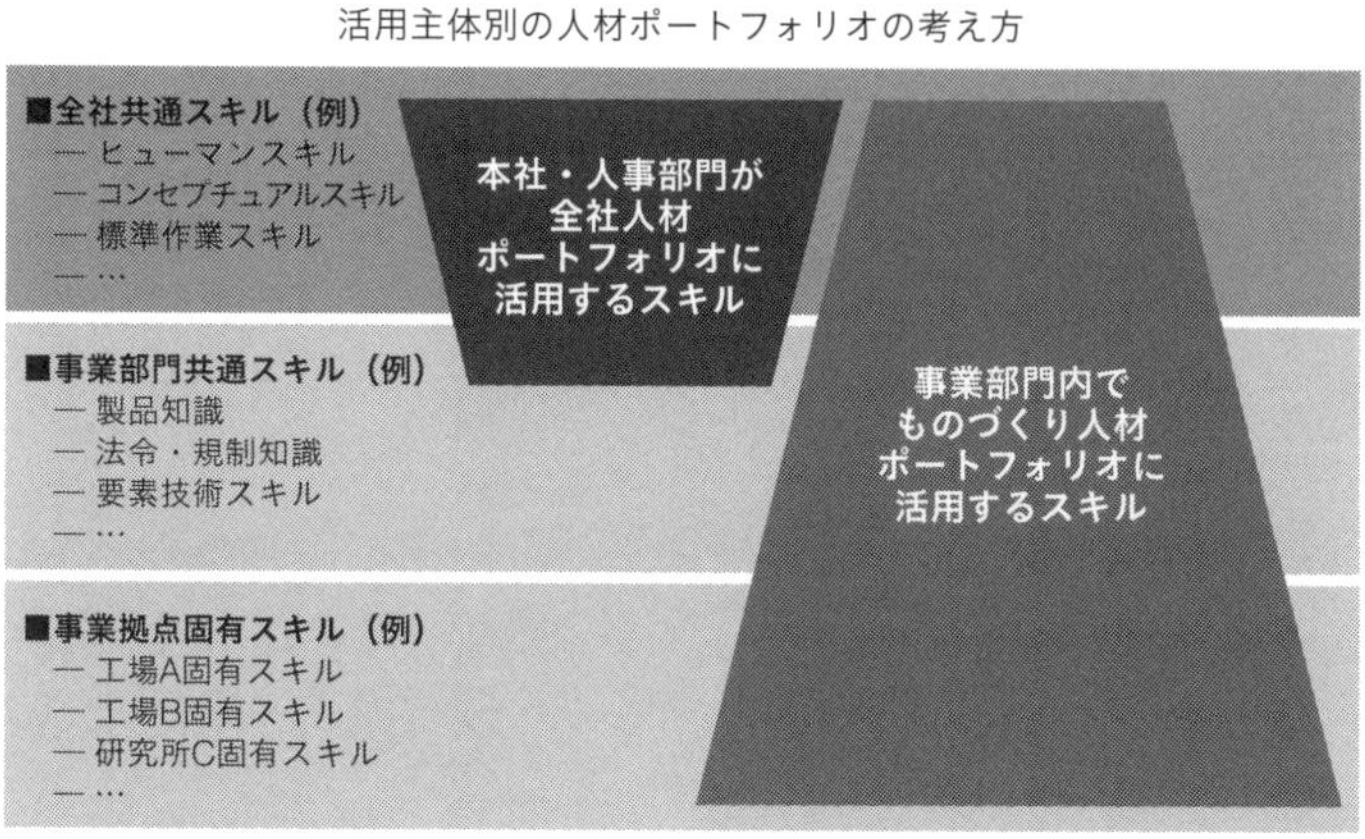

フォリオに対して、必要な範囲で紐づけていく。

全社共通のスキルとしては、ヒューマンスキルやコンセプチュアルスキル、標準作業スキルなどが挙げられるだろう。事業部門共通のスキルには製品知識や法令・規制知識、要素技術スキルなどがある。工場固有のスキル、研究所でのみ必要とされるスキルなど、特定の事業拠点に紐づいたスキルについてはその事業拠点で運用する。

一方で、全社的にデジタル人材などを定義し強化する場合には、事業部門だけで考えるのではなく、本社側と連携する必要がある。事業部門も本社も似たようなスキル項目を定義することで混沌とした状態に陥らないように、部門固有のものと全社共通のものをすみ分けていくことが重要だ。

なお、全社人材ポートフォリオを考える場合には、全社共通のスキルを中心に紐づけつつ、各事業部門で必要な人材を大枠で把握するために、事業部門共通のスキルもブレンドする。対して、ものづくり人材ポートフォリオは、事業拠点固有のスキルを多分に含んだものになるだろう。

（4）横断的な監督組織を設立する

もう1つの方法は監督組織の設立だ。事業部門内にはたくさんの拠点があり、さまざまな部門が存立している中でマスタデータがローカル運用されると、同じ事業部門の中でも本質的に同じ内容のスキル項目が別々に管理され、組織横断でのデータ活用が困難になる。こういった難所を乗り越えるには、スキルマスタデータの改廃をコントロールし、本社側との整合性を図る横断的な監督組織を設立することが有効だ。

工場Aと工場B、研究所C、研究所Dの4つの拠点を対象とする監督組織を例に挙げて説明しよう。この監督組織の役割は各拠点からの要望を集約することにある。組織でなくワーキンググループの形式をとることも多い。

工場Aの製造部や保全部、研究所Cの研究部や開発部からスキルマスタデータに関する要望があれば、それをいったん窓口として受けてチェックする。「このスキルを追加してほしい」という声が届いたら、それが本当に事業拠点に固有のものなのか、ほかの工場で使っているスキルではないのか、本社で定義しているスキルとかぶる点はないのかを確認し判断する。事業拠点固有のスキルと判断できれば、事業拠点に管理を委ねてもよい。そうでない場合は、ほかの事業所や本社との整合性を取ってデータガバナンスを効かせていく。この仕組みがあれば、データ自体の統一性が失われたり、スキルマネジメントを運用しづらくなったりするリスクはなくなる。

本社側が求めているスキルの粒度と事業部門側がいま管理をしているスキルの粒度はまったく異なる。多くの場合、本社側が求めているのは職種レベルか、それより一段ほど細かいレベルのスキルだ。細かくなりすぎると本社側は対応できない。その一方で事業部門に対して、本社側が求める人材要件を満たす人材を見つけ、育ててほしいと考えている。事業部門は事業部門で、固有の高度なスキルを持っている人材を正しく評価してほしいという思いがある。このギャップを埋めていく調整を、監督組織を通じてシステマチックに行っていく必要がある。

第3の難所の乗り越え方

スキルデータ活用の段階に入ると、第3の難所に遭遇するはずだ。この難所の乗り越え方は、従業員、部署長、経営者の3つの視点に分けて解説する。どの視点においてもカギとなるのは、スキルデータを組織内のコミュニケーション言語とすることだ。それによって、スキルデータをさまざまな業務に活用し、成果を生んでいくことが可能になる。

従業員の成長を自覚させる仕掛けが効果的

従業員の視点で大切なのは、日々感じることのできるインセンティブを提示していくことだ。インセンティブといえば金銭を想像しやすいが、それだけではない。従業員の成長意欲をかき立て、成長を自覚させる仕掛けである。

通常業務に加えて、スキルデータの入力や確認、評価を行えば当然ながら負荷が増す。負担が重いからと作業が滞れば、スキルデータの活用ははかどらない。必要なのは負荷に勝るインセンティブを提示することだ。現実に負荷はあるが、それ以上に収穫が得られることを理解してもらおう。未来や希望が感じられるような働きかけを従業員に行っていく。

具体的には、スキルデータを基に上司が意図的に部下とコミュニケーションをとるような仕掛けが有効だ。上司からのフィードバックを行うことで、従業員の成長意欲を刺激する。例えば部下が新たなスキルや資格を取得したことがわかったら、努力をたたえるポジティブなフィードバックを行う。スキルアップしたのに上司から何の声がけもないと張り合いがなく、やりがいも感じられない。従業員は上司に褒めてもらうためにスキルを磨くわけではないが、努力や実績に関するフィードバックはモチベーションの維持に効果的だ。

もし保有している資格の有効期限切れが近づいているなら「資格更新の教育のために業務を調整したほうがいいだろうか」といった声をかけ、フォローが必要かどうかを確認するといいだろう。自分のスキルを気にかけてくれている、成長を期待されているという実感の効果は侮れない。

また、上司が部下との1on1の場を設ける際に本人のスキル記録データを参照することで、これまでの成長の過程や今後の課題を共有しやすくなる。こうした機会をつくれば、従業員は自身の保有スキルの傾向やキャリアステップを確認できる。さらに、習得すべきスキルに対する視点を定めることができ、自身のスキルを向上させる方法について上司に相談するといったアクションにもつながっていく。

上から言われたからただ動く、という形のままでは負担感は解消されない。部下が自ら主体的に成長に向けて動きたくなる雰囲気や空気、文化を醸成していきたい。

部署長が正しくPDCAを回せる仕掛けとは

部署長クラスが、第3の難所を円滑かつ効果的に乗り越えられる仕掛けも不可欠だ。PDCAサイクルをスムーズに回せる仕掛けである。

舞台は部署長が集まる組織横断の会議の場だ。互いに状況報告を行い、意見を交換するこの場を借りて、例えばそれぞれの組織のスキルデータの経年変化や年代別の分布を確認してもらう。1年後、5年後、10年後といった時間軸ごとに少なくなり、危機的状況に向かいつつあるスキルや、重点的に育成すべきスキルについて議論をしていく。

目で見て理解できる具体的なデータがそろえば、「なんとなくスキルが足りていない」という曖昧な感覚が切実な危機感に変わる。スキルデータを共通言語として現状認識を共有し、効率的に議論を進める。スキルの偏りや経年変化は一組織の問題にとどまらず、組織横断的な問題でもあることが理解されれば、組織間の協力を得られやすい。

会議の場に、すでに施策を実施している組織から指導員を招き、どのような方法でスキルを育成し、スキルデータを通していかに計画を進捗させたのか、新たに認定されたスキルは何でどれぐらいの数があるのかといったリアルな話を聞くのも効果的だ。

語弊はあるかもしれないが、「反面教師から学ぶ」ことも意識して行いたい。すべての施策がうまくいくわけではないだろう。現場にフィットした施策、相性が悪かった施策、伸ばそうとしたが思いのほか伸びなかったというスキルがあれば、その背景や理由についても確認し、育成のナレッジを蓄積する。

良いも悪いも含めて施策の実施結果を共有し、評価を行うことでPDCAサイクルはスムーズに回り出す。部署長にとっても負荷の低減につながり、部署長自身の組織的な評価につながっていく。

経営層の意思決定プロセスに組み込もう

スキルデータを活用とすると必ずぶつかるであろう第3の難所には、事業部門の経営層視点でも真摯に取り組む必要がある。ここでは、経営層の意思決定プロセスにスキルマネジメントを組み込むことを提唱したい。

率直にいえば、スキルマネジメントの活動を開始しても、経営層には大きな負担は発生しないだろう。実務的な作業に追われるのは事業拠点や、その中の各部署だ。

だからといって経営層がスキルマネジメントに関与しないわけではない。むしろ深くコミットすべきである。経営層は、スキルマネジメントを基に事業を動かしていく立場にある。事業目標に直結するスキルマネジメント関連の数値をインプットすれば、経営層の問題意識が高まり、意思決定が促進される。

ここでは、経営層と直接コミュニケーションをとれる企画系部署の役割が重要だ。定期的に人材ポートフォリオを経営層にインプットして、計画の進捗を上に知らせていく。会議では、計画を遂行させるために必要な人材ポートフォリオが何％充足されているのかがわかるように、スキルデータを集計した結果をダッシュボードなどで可視化することが有効だ。

この会議に参加する経営層はさまざまな気づきや発見を得られるだろう。もし、開発責任者のポジションの充足率が80％なのに対して、生産技術責任者の充足率が25％だとすれば、どう考えても「生産技術責任者は足りていない」「このままでは計画どおりに進まないリスクがある」ということがわかる。計画上のリスク要因をリアルタイムに把握できれば、打ち手も浮かぶ。

経営層による意思決定がなされたら、重要なポジションの人材を補充するために、スキルデータ上のポジション適合率をベースにして候補者を集計し、その一覧を経営層に提示する。

候補者の一覧を確認し、候補者に足りないスキルの育成も含めて現所属の部署長にかけあってもらう。こうした候補者は部署内で優秀な人材と認められていることが多いため、部署長から難色を示されることも少なくない。組織間の調整を効率的に行い、候補者の育成をスピーディーに進めていくには、経営層の積極的なコミットメントが大きな力となる。

ときとして経営層は「スキルマネジメントにいったいどんな意味があるのか」「自分にどんなメリットがあるのか」と考えることもあるだろう。現場の細かなスキルデータに直接関与する場面が少ないためだ。しかし経営層には、スキルマネジメントを実践するうえで果たすべき役割が確実にあり、受ける恩恵も非常に大きい。スキルマネジメントから得られる示唆を踏まえた意思決定を働きかけたい。

エピローグ

そして、つくる人が、いきる世界へ

製造業はクールでクリエイティブな産業だ

最終章ではスキルマネジメントが実現する製造業の未来について、私の思いや考えを率直に述べていきたいと思う。

日本は製造立国として成長を遂げてきた。労働政策研究・研修機構の資料によれば、2023年の製造業の就業者は全体の約15％に当たる1055万人。20年前（2003年）の約20％と比べると少し落ちてきてはいるものの、GDPに占める比率は2割に達している。製造業は今も昔も日本の基幹産業だ。

製造業とは技術をベースにものを発明し、開発し、設計し、製造して、新しい付加価値を世の中に生み出していく産業だ。自動車や機械や部品、設備、半導体、医薬品、化学素材、食品などを物理的に生み出し、付加価値をつけて提供している。このように付加価値を創出している産業は、ほかにはそうないだろう。

社会課題を解決する力を持っているのも製造業の傑出した点といえる。世界には解決しなければならない問題が山積している。気候変動、貧困、食糧の安全保障、環境問題、エネルギー価格の安定化、持続可能なエネルギーへの移行。挙げていくときりがないが、製造業には技術をベースにこれらの社会課題のソリューションを生み出すポテンシャルがある。

過去を振り返ってみよう。太陽光発電や風力発電などの技術が進化したことで、これまで化石燃料に依存せざるをえなかった地域では持続可能なクリーンエネルギーへの移行が進んでいる。廃棄物のリサイクル技術や汚染・汚水を抑制し処理する技術が発展し、環境負担は軽減した。農業や水産業、林業などの一次産業も、製造業が開発した新しいテクノロジーを導入することで効率化や持続可能性が高まった。製造業は現在進行形で社会問題の解決を進めている。

これまでになかった付加価値を創り出し、社会問題の解決を推し進めていく力を備えた製造業は、間違いなくクリエイティブだ。心から格好良い産業だと思う。こんなにクールな産業はほかにはないと確信している。

製造業で働くことは格好良く、魅力的なはずだ

だが、その最前線で働く人々は必ずしもそう感じていないように思う。日々、製造業の人々と接しているが、目を輝かせて「自分たちはクリエイティブな産業に従事している」「誇りを持って仕事をしている」と話す人はあまり多くない印象だ。ポジティブに仕事に向き合っているか否かはおおよその雰囲気で判断できる。中には閉塞感が漂っている職場もある。クリエイ

ティブでクールな産業の一員であると胸を張り、誇りに思って仕事をこなしてもらいたいと切に思うが、現実は必ずしもそうではないようだ。

私がスキルマネジメントシステムの会社を立ち上げたのはこの状況を変えたいという一念からだ。正直なところ、日本の製造業はかつてと比べると弱体化しており、競争力も低下している。

この状況を変えていきたい。製造業が再び元気になり、成長軌道に乗れる仕組みをつくり、その中で働く人々が成長実感を得て、高いモチベーションで働ける仕組みを提供したい。私は本気でそう考えている。

第1章で述べたように日本の労働人口は減少の一途にある。どの産業も人手不足にあえいでいるため、人材をめぐって獲得合戦が繰り広げられている状況だ。だが、製造業から人が去ってしまう事態だけはなんとしても避けなければならない。労働人口の15％以上を占める製造業に従事する人が減り、製造業の活気が低下してしまえば、世界における日本のプレゼンスは落ちてしまう。そんな未来を招いてはならない。

私が描く未来はこうだ。製造業に来れば、人は成長しながら働くことができる。社会にも貢献できる。クリエイティブで格好良くて、プライドを持って堂々と仕事に取り組むことができる。そんな未来、そんな世界だ。製造業が本来持っている魅力やポテンシャルを再認識できれば、働く場所として製造業を選び、そこで力を発揮したいと考える人は増えるはずだ。

製造業で働くすべての人が、成長実感を持ちながら活躍する。持てる力を発揮して、組織や事業に貢献することで企業もともに成長していく。こうした未来を私たちはスキルマネジメントを通して実現していきたい。

新しい付加価値を世の中に生み出し、社会課題を解決し、さらに持続可能な世界に近づけていく。これこそが本当に豊かな社会だ。製造業はその豊かな社会を下支えしている。

そして、製造業を支えているのはほかでもない、個々の人の力だ。スキルを発揮し、スキルを磨いていくことで製造業のポテンシャルは広がり、社会はより豊かになっていく。

そこに貢献できるのがスキルマネジメントだ。豊かな社会を具現化するうえで、スキルマネジメントは中心的な役割を担っていく。

スキルの可能性が、企業も個人も成長させる

ここで個人にとってのスキルの可能性について改めて考えてみたい。

製造業で働くすべての人がつねに新しいスキルを習得し、更新し、強化できる環境にあり、そのスキルを仕事で存分に発揮できるようになればどうなるだろう。働く人は自己実現を成し遂げ、組織や社会に貢献できるようになる。自分が組織や社会に確かに貢献できているという

実感には得がたいパワーがある。人事評価や報酬にスキルが反映されればなおのことだ。モチベーションが上がり、成長の手応えが得られるだろう。成長実感は人を輝かせ、活動領域を広げていく。少し大げさかもしれないが個人のスキルの可能性は無限大だ。

対して、企業にとってのスキルの可能性とは何を意味するだろう。

スキルを持った人に力を発揮してもらえなければ事業の成功は見込めない。成功にはスキルの発揮が不可欠だ。個々のスキルに基づいたマネジメントを行い、ものをつくる人の力を最大限に引き出すことは事業に豊かな実りをもたらす。スキルマネジメントを通してスキルを備えた人材を確保し、成長の場を提供すれば、企業は持続可能な成長を遂げられる。

イノベーションの創出にもスキルマネジメントが欠かせない。日本の製造業の武器であり、強みであるＱＣＤＳのさらなる強化も後押しする。結果として企業競争力が上がっていく。スキルを育成し、磨き上げ、高めていくことは企業価値の向上とイコールだ。本書ではスキルマネジメントの方法論を解説してきたが、訴えたいのは製造業の変革のサポートである。

とはいえ、トップが大きな絵を描き、現場に掛け声をかけるだけでは変革は実現しない。経営と現場とにはギャップや乖離がつきものだ。私たちの強みは製造業の現場を深く理解していることにある。変革が絵に描いた餅で終わらないように、運用も含めて現場をサポートし、まずは変革の一歩目を示して、現実的な次の一歩を提示し続けている。変革とは一歩一歩の積み重ねの軌跡である。

スキルマネジメントは、つくる人も企業もともに成長を続けられる仕組みであることが重要だ。企業や個人が必要なスキルを獲得し、そのスキルを最大限に活かせる仕組みをつくり使えるようにすることが私の使命だと捉えている。スキルマネジメントの第一人者として、その方法論を確立してシステムに落とし込み、ノウハウとセットで製造業全体に広げていきたい。そして産業の発展に貢献したいと考えている。

スキルマネジメントが実現する製造業の未来は始まっている

これから先、製造業は間違いなく劇的な変化を迎えることになる。ロボットやＡＩは急速に普及している。ロボットによって代替された作業はすでに数多いが、現状はまだ序の口かもしれない。今後は人の思考の一部もＡＩによって代替されていくだろう。製造業の根幹は「人」であることには違いないが、「人」に求められるスキルは変化せざるをえない。

ガソリンから電気へ。パワートレインが高度化し進化している自動車業界を筆頭に、グリーンやデジタルへの対応をはじめ、製造業では事業や技術における変化が加速している。ロボットやＡＩを導入し、設定し、活用し、メンテナンスを行うといったより高度なスキルが求められるようになる。

では、ロボットやＡＩの活用によって新しく生まれた時間を人はどう使うのか。新しい仕事の挑戦に費やすとすればスキルの更新が欠かせない。どんなに作業が自動化され、代替されても人の仕事は残る。残った仕事は高度化し、スピーディーに変化していく。そのスピードに合わせたスキルのアップデートが必要だ。

スキルを起点にしたイノベーションやコラボレーションの可能性も強調したい。繰り返しになるが、イノベーションは新たな出会いや組み合わせによって芽生えてくる。異なる部署と、あるいはサプライチェーンの中にある企業と、スキルをベースにしたネットワークを活かして協働しよう。イノベーションやコラボレーションを促進しよう。

いち早くスキルマネジメントに取り組み始めた企業では、すでに現場がスキルを意識し、行動が確実に変わりつつある。監査でたくさんの指摘を受け、煩雑すぎる作業量に悩んでいた企業はスキルマネジメントによりデータの齟齬がなくなり、指摘なく監査を終えられるようになった。

変化のスピードが速いグローバルマーケットで競争力を維持するために、スキルマネジメントを導入し、世界のどこでも同じ製品を同じ品質で保守できる体制づくりに着手している企業もある。スキルを一元化する過程で、別の部署に同じスキルが存在していることが判明し、スキルを共通認識できるようになって、応援や異動ローテーションがスムーズに運ぶようになった企業の例もある。スキルについて部署横断で議論ができるようになったのは大きな収穫だ。

個々のスキルが可視化され、課題や目標が明確になったという企業も多い。部下のスキルについて、本人と上司の認識にギャップがあることが明らかになり、本人が気づけていなかった強みや弱み、さらには会社が求める期待値を妥協せずに伝えられるようになった。そんな成果を伝えてくれた企業もある。

ある企業は、目先の業務に必要なスキルを短期で育成するだけではなく、従業員一人ひとりの志向に合わせて、キャリア形成に必要なスキルを中長期で育成することも意識するようになった。キャリア形成とは自己実現を図るプロセスそのものだ。この会社で自己実現を果たせるのか、成長できるのか、思い描くキャリアを手にすることはできるのか。キャリア形成の道筋とそこで必要なスキルを明確にすることは企業の重要課題の1つだ。この会社はいま力強い足取りで課題解決に臨んでいる。次はぜひあなたの会社がスキルの可能性を切り開いてほしい。

改めて、私たちが掲げるビジョンは「つくる人が、いきる世界へ」だ。「つくる」という漢字は複数ある。「作る」もあれば「造る」や「創る」もある。どれもが製造業の中にある。製造業はものを「作る」。大規模なものも「造る」。これまでになかった付加価値も「創る」。こんなにクリエイティブな産業はない。世界中のものづくりに携わるすべての人が、成長実感を持ちながらイキイキと働き、活躍できる社会を私は本気で目指している。

あとがき

現場を知ること。現場とともにあること。製造・開発の現場やものづくりを深く理解すること。私が顧客の製造業にスキルマネジメントを導入していくうえでつねに意識し心がけ実践している点だ。これは弊社の最大の強みでもある。

ありがたいことにスキルマネジメントの支援実績はすでに150社を超えた。製造業に絞ったサービスを強化し、多数の企業とも連携して、蓄積した固有の知見を提供してきたからだと考えている。大型の全社導入事例も増えてきた。製造現場だけではなく技術系部門やバックオフィス部門の支援にスキルマネジメントを拡大する例もすでに数多く生まれている。

とはいえ、まだ道半ばだ。掲げているビジョン「つくる人が、いきる世界へ」の実現には遠い。

エピローグでも述べたように、製造業は多くの人が新しいものを生み出し、社会に付加価値を提供している。イノベーティブで創造的で社会貢献性も高い。こんなにクールな仕事でありながら製造業に対する評価は必ずしも高いとはいえない。製造業で働くことに自信を持てない、なんとなく息苦しさや停滞感を感じているという声も内部から聞こえてくる。

こうした状況を変え、個の力を活用すべくスキルデータの蓄積・活用に取り組んでいる企業は多いが、ほとんどの現場はまだエクセルや紙の運用どまりだ。形骸化し、人材育成も担当者任せで場当たり的であり、技術・技能伝承や多能化も求められるほどには進んでいない。ＩＳＯの監査対応の力量管理で負担を感じ、スキル体系や評価基準が整理できていない製造業が大半を占めている。

この状況を変えることが私のミッションだ。製造業を支えている一人ひとりのスキルに焦点を合わせ、スキルを最大限に発揮してもらい、アップデートも怠らず、新たなスキルを習得できるマネジメントの仕組みを整えれば、製造業の現場は必ず変革できる。「人」は成長実感を得られるようになり、モチベーションが上がり、閉塞感は消える。イノベーティブで創造的で社会貢献性も高い仕事に就いていることを自覚し誇りに思い、自己肯定感も高まり、現場に活力が満ち、業績を押し上げていく。

現実に私はそうした変化を何度も目にしてきた。本書では、具体的な事例を取り上げているが、ほかにもスキルマネジメントを取り入れたことで成功した事例が日に日に増えており、その一つひとつに強い喜びを感じている。スキルの可能性には限りがない。「人」は日本の製造業の強さの基盤であり、原動力だ。スキルの可能性を切り開き、ものづくりをアップデートして日本の製造業の復権を図っていきたい。

問題意識は変革の第一歩だ。スキルを取り巻く製造業の現状を何とか変えたい。「人」のスキルを活かし、成長できる道筋を整えていきたい。何かを変えなければいけない。そんな漠然とした悩みでもいい。課題感は人と組織を進化させる動機づけになる。ぜひ個人のスキルをデータベース化し、組織の計画的な人材育成や人材配置の基盤を整えてほしい。本書がその一助となれば幸甚だ。

本書の完成に至るまで、多くの方々のご協力を賜りましたこと、心より感謝申し上げます。本書の出版に関して、高木孝介さんには、企画・プロジェクトを中心となって推進してもらいました。石井里奈さん、髙橋悠さん、藤本健資さん、柳ヶ瀬雅春さんには、書籍のコンセプト立案やコンテンツ提供に協力いただきました。高野雄治さん、高田英明さんには原稿作成に協力いただきました。鎌倉翔さん、西之上明里さん、今井康浩さん、大久保亘さんには、書籍のマーケティングプラン策定に尽力いただきました。そして、日頃から「つくる人が、いきる世界へ」の実現、そしてスキルマネジメントの方法論の確立・提供をともに目指しているSkillnoteメンバーにも、心から感謝を申し上げます。出版活動の立ち上げに尽力いただいたSkillnoteアルムナイの髙橋優樹さんにも、改めてお礼を申し上げます。

また、本書で述べているスキルマネジメントの実践方法やそれを支えるサービスは、製造業の数多くの皆さまのお力やご意見を基に、日本の製造業に育てていただいたものです。いつも課題やご意見、貴重なフィードバックをいただいている製造業の皆さまにもこの場を借りて感謝の意を表します。

2024年9月11日

山川 隆史

【著者紹介】
山川 隆史（やまかわ　たかふみ）
株式会社Skillnote 代表取締役
1972年、三重県生まれ。早稲田大学理工学部卒業後、信越化学工業株式会社に入社。電子材料事業本部で半導体用材料のビジネス開発や市場開拓などに従事し、10年間にわたりアジア・欧米のグローバル企業とのプロジェクトに多数参画。2006年に製造業の人材育成を支援する会社を創業、2016年に株式会社Skillnoteを設立し、代表取締役に就任。「つくる人が、いきる世界へ」をビジョンに、製造業の人材育成、スキルマネジメントの課題に一貫して取り組んでいる。

つくる人がいきるスキルマネジメント
現場と経営をつなぎ、製造業の未来をひらくアプローチ

2024年11月12日発行

著　者——山川隆史
発行者——田北浩章
発行所——東洋経済新報社
〒103-8345　東京都中央区日本橋本石町 1-2-1
電話＝東洋経済コールセンター 03(6386)1040
https://toyokeizai.net/

ＤＴＰ…………………アイランドコレクション
装丁・本文デザイン……dig（坂本弓華）
カバーイラスト…………岡田 丈
撮影……………………石井文仁
印刷・製本……………中央精版印刷
Printed in Japan　　ISBN 978-4-492-96239-8